【文庫クセジュ】

ヨーロッパの地政学

安全保障の今

ジャン=シルヴェストル・モングルニエ著
中村雅治訳

Que sais-je?

白水社

Jean-Sylvestre Mongrenier, *Géopolitique de l'Europe*
(Collection QUE SAIS-JE ? N° 4177

「私は皆さんに、ヨーロッパの悲劇についてお話したいと思います。この素晴らしい大陸は、地球上で最も美しく、文明的な地域を含み、温暖で快適な気候に恵まれ、西洋世界に属するすべての偉大な民族の故郷です。またヨーロッパはキリスト教とキリスト教倫理の発祥の地です。そこは過去と現在の文化、芸術、哲学、科学の大部分の源です。もしヨーロッパが、この共通の遺産を享受するため団結することができれば、その幸福、繁栄、栄光には何の制限もなくなり、三億から四億の住民が恩恵を受けることになるでしょう」

ウィンストン・チャーチル「チューリッヒ演説」
一九四六年九月十九日

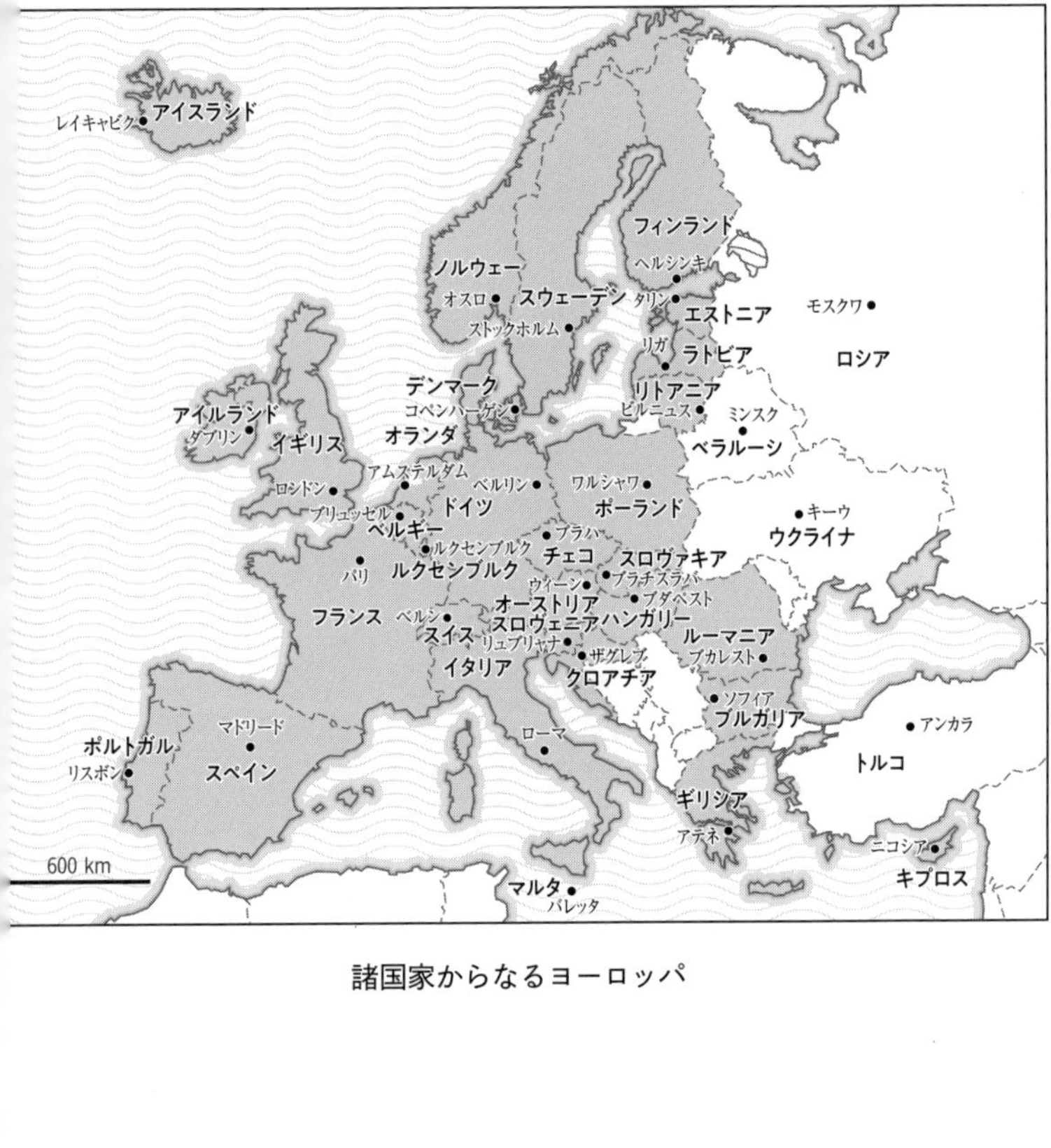

諸国家からなるヨーロッパ

目次

主要略語表 —— 8
序章 —— 11
第一章　ヨーロッパの輪郭とアイデンティティ —— 16
Ⅰ　地政史学と長い時間　16
Ⅱ　アジアに向かって開かれた大陸　29
Ⅲ　精神的姿としてのヨーロッパ　41

第二章　グローバル・アクターとしてのEUの限界――56
Ⅰ　成立したヨーロッパ――政治的野心と大市場の間　56
Ⅱ　汎ヨーロッパ連邦であっても、「ヨーロッパ＝強国」ではない　69
Ⅲ　防衛共同体としてのヨーロッパとヨーロッパの防衛とは違う　83

第三章　挑戦、脅威、応答――パワーのさまざまな尺度――100
Ⅰ　ヨーロッパにのしかかる脅威　101
Ⅱ　ヨーロッパに不利な状況と長期的な傾向　114
Ⅲ　超人が跋扈《ばっこ》する世界における可変翼のヨーロッパ　128

結論　ヨーロッパよ、あなたはどこへ行くのか――145

欧州政治共同体の展望　151
関連年表　156
訳者あとがき　159
参考文献　*ii*

主要略語表（英語表記のものに日本語訳を併記）

BRI　一帯一路
CFSP　共通外交安全保障政策
COMECON　経済相互援助会議
CSCE　（全）欧州安全保障協力会議
CSDP　共通安全保障防衛政策
CSTO　集団安全保障条約機構
EC　欧州共同体
ECSC　欧州石炭鉄鋼共同体
EDC　欧州防衛共同体
EDF　欧州防衛基金
EEC　欧州経済共同体
EEU　ユーラシア経済連合
EEZ　排他的経済水域

ＥＦＴＡ　欧州自由貿易連合
ＥＭＵ　経済通貨同盟
ＥＰＣ　欧州政治共同体
ＥＳＤＰ　欧州安全保障防衛政策
ＥＵ　欧州連合
ＧＡＴＴ　ガット（関税及び貿易に関する一般協定）
ＮＡＴＯ　北大西洋条約機構
ＯＥＥＣ　欧州経済協力機構
ＯＰＥＣ　石油輸出国機構
ＯＳＣＥ　（全）欧州安全保障協力機構
ＰＥＣ　計画経済諸国
ＰＩＧＳ　ソヴリン負債諸国
ＰＳＣ（ＰＥＳＣＯ）　恒久的構造化協力
ＳＣＯ　上海協力機構
ＷＥＵ　西欧同盟
ＷＵ　西側同盟

凡例

・本文中の（ ）内の補足説明は原著者のものである。
・本文中の〔 〕は訳者の挿入したものである。
・原著の脚注は章ごとにまとめて章末におき、通し番号を付した。
・本文中のイタリックは傍点を付した。ただし書名を除く。
・本文中で使用された略記号は八頁の一覧表を参照。

序章

ジャン=トマ・ルシュウールに捧げる
「必要なものには一致を。不確実なものには自由を。すべてのものに思いやりを」

大陸、文明あるいは地政学的プロジェクトのいずれと見なされようと、ヨーロッパの概念は多義的である。その結果、誰もが自己流の解釈をして、前述のヨーロッパ概念に対して自己流の表現とカテゴリーを与えようとする。古代ギリシアにおいては、第一にヨーロッパとはフェニキアの女神〔エウロペ〕のことである。彼女は牡牛に姿を変えたゼウスに誘拐され、キプロス島に連れて行かれた。第二に、ヨーロッパとはギリシアの北方に位置するすべての地域のことである。古代の宇宙論において、ギリシアの位置と立場は、ヨーロッパとアジアの双方から等距離にあることで、完璧な状況にあるとされた。中世においても、ヨーロッパという語は同様の意味で受け取られ、ほとんどいつでも古代ギリシアの神話が言及されたのである。しかし例外もあった。『コルドバの作者不詳』の年代記では、カール・マルテルのポワチエでのサラセン人に対する勝利（七三二年）は「ヨーロッパ人」による勝利とされた。数世紀後、教皇ピウス二世はコンスタンチノープルの陥落（一四五三年）に際し、「ヨーロッパ人」に対してキリスト教共同体（Respublica Christiana）として結集するように呼びかけた。実際その後、ヨーロッパと呼ばれるものに対応する中世期の空間と社会は、キリスト教徒共同体（Chrétienté）と呼ばれるようになる。確かに、ヨーロッパの東部と南東部は他の文明圏に属している。東側では、キリスト教徒共同体はドン川までである。そこから先はタルタリア、すなわちアジアが始まる。南東部では、イリリア、ダキア、マケドニア、ギリシアなどは長年ビザンチン帝国の領域〔東ローマ帝国〕内にあった。コンスタンチノープルの陥落以前から、この「ビザンチン・ヨーロッパ」はオスマン人と彼らの帝国〔オスマントルコ帝国〕の支配下にあった。ヨーロッパ南東部はバルカン半島となり、そこは将来、有名な「東方問題」の舞台となり、さまざまな争点を抱えることになる。

それ故に、おおよそ中世においては、ヨーロッパという語は古代の神話的な意味合いが優先されて使われた。ルネッサンスに至り、ヨーロッパ外への大規模な探検や大洋を越えた征服の時代、グローバル化の初期の時代になると、ヨーロッパは完全に地理的語義として受け入れられるようになる。

ジュリアン・フロイント（Julien Freund）は次のように強調する。

ヨーロッパという概念は、こうした偉大な事業に乗り出した人びとが、新たに発見された大陸を前にして、自己のアイデンティティを獲得し、またそうした世界との差別化を図る手段であった。彼らは冒険に乗り出し、最後には世界全体の発見に導かれていくことになる。〔…〕彼らが暮らす大陸にヨーロッパと名前を付けることで、彼らは自分たちの独自性と、歴史に類を見ない能力を自覚するようになった。(1)

ヨーロッパ、もっと正確に言えばその西側部分に位置する偉大な帝国群は、一種の集団的覇権を行使するようになった。ヨーロッパと世界を分裂させた「新たな三十年戦争」(一九一四—一九四五年)〔訳注：第一次大戦開始から第二次大戦終結まで。本来の三十年戦争は、一六一八年から一六四八年にかけてドイツで起こった戦争〕が終わったとき、ヨーロッパの覇権は打ち砕かれていた。「鉄のカーテン」により二分されたヨーロッパは、冷戦の地政学の中心に置かれ、こうした状況を背景にして西ヨーロッパの統合過程が開始されたのである。アメリカは欧州経済共同体(EEC)を支援した。一九八九年から一九九一年の間に、ソ連ブロック、次いでソ連自身が解体すると、ヨーロッパ経済統合の企ては目覚ましく進展し、汎ヨーロッパ的広がりを持つようになる。欧州連合(EU)は中東欧諸国(Central and Eastern Europe)を統合に加えたのである。最も野心的な発言をする人は、「ヨーロッパ建設」を多極的平和への第一歩であると位置づけている。

もし地政史学（géohistoire）が、ヨーロッパの意味とその境界を理解するために有用な道筋を示してくれるものなら、ヨーロッパを大陸と見なす伝統的な定義は不十分なものであると認めざるを得なくなる。「大西洋からウラルまでのヨーロッパ」は書斎に座って考えただけの地理学にすぎない。ウラル山脈は東部国境線を定める地球物理的・地球文化的基準とはなりえない。「リスボンからウラジオストックまでのヨーロッパ」〔訳注：プーチン大統領の言葉〕の場合には、ヨーロッパはユーラシアの中に吸収されてしまう。他方、西側境界線を大西洋上におくことは、アメリカ合衆国や北アメリカとの間の密接な関係に疑問を生じさせることになる。すなわち、西洋の概念とそれがカバーする歴史的・地政学的現実は無視できないのである。最後に付け加えれば、南の境界線は、現代における変遷に照らしてみれば、もっとはっきりした限界であるといえよう。しかしながら、フェルナン・ブローデル（Fernand Braudel）とイヴ・ラコスト（Yves Lacoste）が「最大規模の地中海」と命名したものと、ヨーロッパ諸強国とのかかわりの程度を過小評価してはならない。以上から言えることは、ヨーロッパの問題はイヴ・ラコストが定義した地政学が扱う領域であるということである。ラコストによれば、それは「領土やそこに暮らす住民をめぐる権力闘争の研究である」[2]。ヨーロッパは相矛盾した表現からなるテーマであり、その限界は歴史的に変化してきた。たとえこの「大陸」の大きな部分は今日EUの中に統合されているとしても、EUはグローバルな地政戦略的アクターとは言えない。それゆえに、ヨーロッパ地政学の主要な分析レベルは、加盟国——フランス、ドイツ、イギリス、ないしはポーランドなど——の戦略についてとなる。要するに、ヨーロッパの地政学的争点や問題点は、世界的な広がりを持つ挑戦と脅威の交差点にあるということである。ヨーロッパは単独でそうしたものに立ち向かうために十分な力も緊密な結びつきも持っていない。実のところ、ウクライナに対するロシアの軍事侵略（二〇二二年二月二十四日の「特別軍事作戦」）に対する対応は、「ヨーロッパのパワー」としてのアメリカの存在と、北大西洋条約機構（NATO）におけるアメリカの重要性を再び明らかにする機会となった。ヨーロッパの防衛と安全保障を考えると、われわれは欧米という概念に導かれていくことになるのである。

序章原注

（1）J. Freund, *La Fin de la Renaissance*, Paris, Puf, 1980, p. 16-17.

（2）Y. Lacoste, *Géopolitique. La longue histoire d'aujoud'hui*, Paris, Larousse, 2009.

第一章　ヨーロッパの輪郭とアイデンティティ

多国間協力のシステムとしてのEUは、地政学的試みが展開される舞台となり、その地理的空間と自らを同一視するようになった。しかしEUは大西洋からウラルまで広がるヨーロッパと同一であると見なされる資格があるだろうか。実際、地政学は従来からの地理的区分に満足していない。グローバルな地政学的表現は長い歴史の一部であり、書斎だけの地理学や出来合いの公式とは矛盾する文化的データを含んでいる。

I　地政史学（géohistoire）と長い時間

1　キリスト教徒共同体からヨーロッパへ

歴史学と地理学の父であるヘロドトス以来、地理学者たちは世界の大分割について検討を重ねてきた。中世末期には、ヨーロッパは地図上に現れるようになる。それによると、ヨーロッパはイスパニアからタルタリア（アジア）地域近くに広がる地理的空間である。かつてはキリスト教徒共同体という名称が使用されていたが、中世期の経過とともに、ヨーロッパの境界線が描かれるようになる。周知のように、ローマ帝国は三つの文明圏に向けて拡大していった。それはオリエント、アフリカ、西欧である。古代末期と中世を経る間に、西欧部分にカロリング朝ヨーロッパが形成される。ローマ・ゲルマンの中核からシャルルマーニュと彼の後継者たちの帝国が成立し、そして二度目の帝国革新（renovatio imperii）の後には、オットー皇帝の帝国がスラブ民族の上に君臨する。レヒフェルトの戦い（九五五年）に勝利すると、マジャール人はパンノニアの平原に定着する。カロリング朝ヨーロッパのこの「中央山塊」の北部と東部に位置する版図の限界点は、福音伝道、軍事的勝利、植民地化（「東方への衝動」）（Drang nach Osten）の進行状況により変化する。一〇〇〇年頃、中央ヨーロッパのポーランドとハンガリー、北方のスカンジナヴィアが西欧の勢力圏に加わる。この地域全体の内的統一性はキリスト教のラテン的解釈に基づいている。東部と南東部においては、ビザンチン帝国とギリシア正教のキリスト教が優位を占めている。南部の地中海においては、ラテン人、ビザンチン人、イスラーム教徒が争っている。そののち、オスマントルコがビザンチン人の領土を奪い取り、地中海の東部地方を支配する。さらに長い間、イスラーム教徒の海賊の犠牲になってきた地中海西岸地方は徐々にキリスト教諸国の支配に戻ることになる。

ギリシア・ローマ的遺産を相続したエクスラシャペル〔アーヘン〕（アルクィンが「新しいアテネ」と呼んだ）〔訳注：アルクィンはシャルルマーニュの宮廷にギリシアのアカデミーを連想させる宮廷学校を設立した〕のことを過小評価してはならないとしても、まさにヨーロッパは中世の間にその形を整えることになったのである。移動を繰り返し、活気あふれる初期の境界線は宗教的な意味を持つものであった。一方では、イスラームの進出に対抗して、エルサレムへの巡礼の道を再開する目的で構想された十字軍であるが、それは同時にラテン〔ローマ〕教会世界の最初の開発と拡大の試みであったといえよう。ヒッティーンにおける敗北（一一八七年）は十字軍運動の退潮を告げるものであり、それはサン・ジャン・ダクル〔別名アッコ〕の陥落（一二九一年）により確認されることになろう。しかし少なくとも、ロードス島はその後も長い間、慈善活動を目的とした修道士たち〔ロードス騎士団〕の支配のもとにとどまることになる。大筋では、ラテン・キリスト教世界の境界線は「中世最盛期」（十三世紀）に達成されたものである。それは一つの文明の限界点でもあった。ロベール・フォシエの言う「ヨーロッパの揺籃期」においては、近代性の最先端地域は北部ではフランドル、南部ではイタリアであった。かつてのロタリンギア王国〔訳注：現在の独仏をまたぐ帯状の部分とイタリアに至る地域）の形をなぞったような、この対角線を起点にして、大陸ヨーロッパ、大西洋周辺地方、北方の海（英仏海峡、北海、バルト海）、地中海などに通商網が広がっていった。この対角線は、その後も旧世界の主要な交易路の役目を果たしていくであろう。さまざまな思想、商品、技術革新などがヨーロッパ空間を移動していく。封建時代の精神が人びとの慣習の中に浸透していき、それはある意味で契約に基づく政治哲学の前兆をなすものである。共通の信仰、聖職者のラテン語、教会制度などは多民族からなる全体社会の一体性を保障するものである。精神的一体性はゴチック芸術において表現され、その伝播はキリスト教徒共同体全体に広がっていく。

序章において指摘したように、ヨーロッパという用語は、遠隔の地の発見を目指してさまざまな人びとや諸国家が海洋に乗り出していった時代に、地理的名称として確立する。プロテスタントの宗教改革によりキリスト教世界の「縫い目のない下着」が引き裂かれるようになる直前、この地理的名称の拡大は、神学とは距離を置こうとしたことの証しといえる。ヨーロッパの強国はいまや「空間革命」の入り口に立ち、カール・シュミット（Carl Schmitt）の優れた著作である『大地と海』がこの革命の意味を十分に明らかにしてくれている。マゼラン（一五一九―一五二二年）の世界一周航海とそのすべての広がりの中における大洋の発見は、それまでのプトレマイオスの地理学に見るような、陸地の海洋に対する優位を信じる考え方を覆すものとなったのである。換言すれば、地球は海の惑星であることが明らかにされたのである。すなわち、海が大陸を取り囲んでいるのであり、その反対ではない。事実この新しい世界観の最先端にいたのが西ヨーロッパの国々であった。ポルトガル人とスペイン人の後に続いて、大西洋ヨーロッパの最もダイナミックな国々が「海運帝国」(Seaborne Empires)(オランダ、フランス、イギリス)を樹立したのである。それに対して、カール・シュミットによれば、神聖ローマ帝国とヒンターランド(大陸後背地)の国々は世界の新しい状況を完全に把握できなかった。それはトルコ人によりヨーロッパの南東の境界地域が脅威にさらされていたことも影響していたのである。さらに、新たに発見され、征服された空間に対して、ヨーロッパという用語は共通のアイデンティティを与えることになる。三十年戦争(一六一八―一六四八年)の後、ウェストファリア条約により、諸国家間の均衡に基づく政治的・領土的秩序が生まれた。万民法〔今日の国際法〕により、キリスト教ヨーロッパとその他の世界との間の根本的な差異が特徴づけられることになる。

2 「経済=世界」(Economie-monde)と政治的多元主義

文明圏であり、また世界の発見に乗り出した地球上の限られた空間としてのヨーロッパは、地経学（géoéconomie）の角度からも考察される必要がある。この語を生み出したのはアメリカ人軍事戦略研究家のエドワード・ルトワック（Edward Luttwak）であるが、フェルナン・ブローデルはヨーロッパの「経済＝世界」の形成と力学に関する地政史学を扱った著者である。ブローデルが地政史学の語を用いたのはその著書『フェリペ二世時代の地中海と地中海世界』（一九四九年）においてである。地政史学は歴史地理学とは違い、人口、経済、文化、政治などの要因を注視し、また地理的環境や歴史の長い期間にわたる巨大勢力間の弁証法に注目する。地政史学はとりわけ「経済＝世界」の豊かな動きや大規模な政治的・領土的現象の展開をとらえようとする。要するに、地政史学は過去を回顧する地政学であると言える。ブローデルが地政史学の語を使ったのは彼の研究が国家社会主義〔訳注：ナチズム〕の科学と結びつけられるのを嫌ったからではなかろうか。彼の博士論文執筆時に始まったヨーロッパの歴史的変化、市場経済、初期のグローバル化についての広い視野に基づく考察は、『物質文明、経済、資本主義』（一九七九年）や『文明の文法』（一九八七年）においても継承された。こうした著作の執筆の間、多くの論文や講演録が発表されたが、それにより、彼の著作物についての理解はもっと容易になった。[1] 空間とその多様性、通商網、マネーゲームなどを通してヨーロッパの姿、歴史的運命が浮かび上がってくる。「経済＝世界」の意味するものは、世界経済（ジャン・ド・シスモンディの言う「全世界市場」）

ではなく、それは経済的に自立した地球上の一部分であり、ドイツの経済史家たちが、かつて世界経済（Welttheater または Weltwirshaft）と呼んだものである。中心には首都＝世界があり、そこでは長い歴史的時間を経る間、諸都市の優位が続く。この中心の周囲には異なる空間的図式が描かれる。

すべての経済＝世界は、入れ子構造のような形をしていて、互いに結ばれた領域が並置され、それらは異なるレベルで結ばれている。現地では、三つの領域、少なくとも三つのカテゴリーが浮かび上がる。すなわち狭い中心と、かなり発展した複数の副次的な地域、そして最後に巨大な周辺地域である。

古代ならびに中世においても、「経済＝世界」には誕生間もないヨーロッパが参加する。それはフランドルの諸都市、イタリアの都市国家群（とりわけヴェニス、ジェノヴァ）を伴った地中海に面したヨーロッパである。中世末期ならびに近代初期において、オスマン帝国の支配の結果、オリエントへのルートが閉ざされた。また大西洋を越える海のルートが開かれ、それらの結果活力の中心はヨーロッパ西側正面方向に移動することになった。するとヨーロッパ「経済＝世界」

が姿を現わし、その広がりと吸引力はグローバル化していく。[2] 神聖ローマ皇帝のカール五世〔スペイン国王としてはカルロス一世〕の帝国〔訳注：一五一九―一五五六年〕と密接に結びついたアントワープがまず優位を占め、それにアムステルダムが続いた。アムステルダムは「海運帝国」であるオランダ連合州〔訳注：後のオランダ王国〕の主要な港湾都市である。最後にロンドンが「経済＝世界」の首都となり、その境界線は地球大に拡大することになる。政治的、経済的重心の「移動」にとどまらず、グローバル化の過程の始まりにおいて、その活力は北大西洋に中心を置くようになるヨーロッパの輪郭を明確にするものとなった。そして二つの世界大戦とともに、西洋世界の重心はテームズ川の岸からハドソン川の岸に移った。

「経済＝世界」と「帝国＝世界」とは別物であることを知らねばならない。この二つの概念の相違はヨーロッパと中国の歴史を比較してみれば明らかになる。こうした比較は、ブローデルが説明のためにヘーゲル流ともいえる三段階の変動を強調していることからも分かる。すなわち、世界の重心は地中海から大西洋に移り、次いで太平洋に移動するであろう。こうした発想はあまり独創的なものとは言えないとしても、中華人民共和国の台頭と国際舞台での地位の確立は、そうした歴史的予見に具体的意味を与えるものである。過ぎ去った数世紀にわたるヨーロッパの「経済＝世界」の発展は政治的再分化を背景にして実現した。いかなる絶対的権力による統一も長続きするものではなかった。ジャン・ベシュレールの優れた分析によれば、こうした政治的多元主義は、近代ヨーロッパにおける政治的、経済的自由の発展を理解するためのカギを提供してくれる。(3) ヨーロッパ＝アジアを連続体とみた場合、その端にあって中国はダイナミックな経済集合体を創り出した。それは予想以上に開放的なものであった。十八世紀の間、満州人による清王朝の下で、中国は最盛期を迎える。ヨーロッパとの違いといえば、中国の経済空間は、その文明圏を限定する帝国の下で、政治的に統合されていたことである。この帝国はいくつかの崩壊段階を経験したが、遅かれ早かれ再建された。ブローデルの地政史学上の用語を借りれば、中国は「帝国＝世界」を構築していたのである。

3　覇権をめぐる対立、世界戦争と統合計画

長期的に見て、また権力関係においても、ヨーロッパは敵対関係にある諸国家からなる体制を構成していた。中世末期、教皇権や神聖ローマ帝国といった世界的な使命を負った権力が弱体化し、ヨーロッパにおける覇権を求める闘争に道が開かれた。さまざまな王国や公国間の敵対関係は、ある国の優位から別の国の優位への移行を示す武力紛争を引き起こし、主導権争いが起こった。例えば、フェリペ二世のスペインの優位、ルイ十四世時のフランスの優位、十八世紀の英

仏による覇権争い、そして次の世紀におけるイギリスの優位が続いた。ウェストファリア条約（一六四八年）以降、勢力均衡原理が平和を保障するとされたが、実はこの原理は大変不安定なものであることが明らかになった。戦争は次々と続き、ウェストファリア体制は啓蒙主義者たちが夢見たような政治的合理性の傑作とは呼べないものであった。「大陸の主要国のいずれも、啓蒙主義の哲学者たちから高い評価を得たヨーロッパの均衡維持に対して、いかなる責任も感じていなかった」(4)。ベル・エポック時代の客観的にいってヨーロッパ中心的と見える世界において、帝国諸国家による支配は、明らかに集団的覇権ともいうべき様相を呈していた。一九〇〇年、義和団の乱への介入に際して形成された西欧統一戦線は、ロシアや日本さえも組み込むものであった。世界の統一はヨーロッパを中心にして実現したかのようであった。しかし「武装した平和」の雰囲気、サライエヴォでの暗殺事件、そして同盟をめぐるゲームは世界戦争に至り、ヨーロッパを没落させることになる。そして二番目の大戦はヨーロッパを破滅させることになろう。中国の隠喩を借りて言えば、ヨーロッパの地政学的多元主義は春秋戦国時代を彷彿とさせる。春秋戦国時代の後、王朝間の闘いが何世紀も続き、ついには秦の始皇帝の厳しい指導下に政治的統一が実現されることになった（前二二一年）。

新たな三十年戦争（一九一四―一九四五年）が起こるはるか以前に、ヨーロッパの構造的無秩序

（中央権力の不在を意味する）ゆえに、いくつかの統合計画が準備されたとはいえ、その影響の及ぶ範囲と重要性を誇張すべきではなかろう。ベルナルダン・ド・サン＝ピエール（Bernardin de Saint-Pierre）からイマヌエル・カントに至るまでの、永久平和のためのさまざまな計画の存在意義は、地政学的というよりは哲学的・道徳的なものであった。この点についてはひとまずおいておこう。コンスタンチノープル陥落の十年後、ボヘミア王のイジー・ス・ポジェブラトは、トルコに抵抗するための同盟と連合条約を提案した（一四六四年）。この提案は、フランス、ボヘミア、ヴェニス、ポーランド王、ハンガリー王、さらには他の地域の王たちやドイツの大公たちを結びつけようとするものであった。これは子細に検討してみると、かつての十字軍計画に範をとった反オスマン帝国同盟であったが、実際には実現することはないであろう。一六三八年、シュリー公（duc de Sully）の『王室財政回想録』（*Mémoires des sages et royales économies d'État de Henry le Grand*）はアンリ四世の「大計画」を思い出させるものである。それはキリスト教列強の連合を通じてヨーロッパの平和を実現しようとする計画であった。それを子細に検討すると、その目標とされていたのは、主としてフランスとイギリス王権を反ハプスブルク同盟に結集しようとするものであった。計画全体はベルナルダン・ド・サン＝ピエールにインスピレーションを与えるものとなろう。十九世紀には、多くのサン・シモン主義者たちが、技術的、産業的、経済的進歩に裏打ちされた英仏中心のヨーロッパを構想した。同時代、ヴィクトル・ユゴーは「ヨーロッパ合衆国」の設立を提案している。ドイツ「文化国家」（Kulturnation）はいまだ統一されておらず、このヨーロッパは当然フランスの指導するものとなろう。最後に、両大戦間期のヨーロッパの構想について言及しなければならない。とりわけリヒャルト・クーデンホーフ＝カレルギー（Richard Coudenhove-Kalergi）の強力な思想である。彼は国際汎ヨーロッパ連合を創設する（一九二六年）。こうしたさまざまの計画は、普遍性（universitas）というかつての夢を甦らせてくれるとしても、それは純粋な道徳的理想主義ないしは構成主義的欠陥を持っていた。有望な要因や有利な条件なしでは、これらの計画は、歴史の中に具体例を見出すことができないであろう。

　第二次大戦が起こり、再びアメリカが旧世界に介入し、ソ連の大規模で差し迫った脅威が現実のものとなって初めて、ヨーロッパ統合は開始された。ヨーロッパ諸国は生気がなく、冷戦の地理学が優位を占めた。「バルト海のステッチンからアドリア海のトリエステまで、大陸を縦断して鉄のカーテンが降ろされた」（チャーチルのフルトン演説、一九四六年三月五日）。西ヨーロッパの中核をなす国々は、一九五〇年に欧州石炭鉄鋼共同体（ＥＣＳＣ）に結集するが、ともかくこれら諸国は地政史学的まとまりを示していた。その輪郭はかつてのカロリング王朝を想起させるものである。しかしそうしたことよりも、トルーマン・ドクトリンによる封じ込めとアメリカの西ヨーロッパ防衛の約束は、はるかに決定的なものであった。すなわち、マーシャル・プラン（一九四七年六月五日）と大西洋同盟（一九四九年四月四日）は、欧州審議会[5]（一九四九年五月五日）よりも前に誕生している。アメリカ人の「親切な覇権」なしで、ナショナリズムや「自己中心的態度」よりも統一が優位を占めたかどうか定かではない。とにもかくにも、アメリカの西欧同盟諸国は間もなくギリシアやトルコの加盟で強化され、集団防衛の重荷の一端を背負うことになった。冷戦終焉後、ドイツ再統一（一九九〇年）、ソ連ブロック、次いでソ連邦自体の解体（一九九一年）により、新たなる地平が開かれることになった。それは一にして自由なヨーロッパであり、その地理的枠組みを回復するものであった。しかし諸国家は生き残り、主権を回復し、過度の統合計画にはなかなか同意しようとはしなかった。共産主義の完全な失敗とともに、民族問題や国境紛争が復活した。旧ユーゴスラヴィアで始まる内戦（一九九一年）がそれを物語っている。複数のヨーロッパの国境線は最近になって引かれたものであるがゆえに、憂慮される状況にある。二七％は一九九一年以後に引かれたものであり、七二％は二十世紀になってからのものである。[6]

II　アジアに向かって開かれた大陸

1　不安定なヨーロッパの境界と国境

ヒスパニアとモスクワ大公国との間にあって、大小のヨーロッパの諸民族が交錯する「原初の舞台」は一つの大陸であると見なされる。書斎生まれの地理学で定義されたように、従来からの境界線の中にあるヨーロッパは、大西洋からウラルまで広がるとされていた。北部には北極海の一部をなすバレンツ海がある。南部では、ヨーロッパは地中海によりアフリカや近東から隔てられている。その全体は地理的には一千万平方キロメートルの範囲に広がり、陸上の土地の七・八％（南極を除く）を占める。しかしこうした定義の仕方には問題がある。それは、ヨーロッパは厳密には一つの大陸ではないということである。ヨーロッパとアジアの間には領土の連続性（continuum）がある。南北の方向に走るウラル山脈はそれほど高くはない（一八九五メートル）。そして山脈は、渓谷の道をたどれば越えるのは難しくない。ウラル山脈の両側にはロシア語話者の住民が居住し、同一の政治権力の下にある。それゆえに、ウラル山脈は山岳学[7]的ないしは地政文化的意味で、ヨーロッパの境界を定める基準とはならないのである。「大西洋からウラルまでのヨーロッパ」という決まり文句はしばしばドゴール大統領のものとされる。しかも彼はそれを頻繁に使ったとされる。しかし、実はこの表現はピョートル大帝に仕えた地理学者のヴァシリー・タチーシチェフ師（Vassili Tatichtchev）のものである。彼はヨーロッパに新しい地理学的定義を与えようとしたのではない。ヨーロッパの東の境界はドン川であることははっきりしていた。またヨーロッパが運命共同体であることを思い起こさせようとしたのでもない。彼はむしろロシアをいくつかの世界にまたがる強大な帝国であると見せようとしたのである。シベリアは西洋の強大な君主制諸国家にとって、海外領土と同様なものであるとしたのである。それゆえに、ピョートル大帝は皇帝の称号を名乗り、自己の評判を高めたのである。ドゴール将軍は冷酷にも、東部シベリアとロシアの極東地帯は、いずれ中国のものとなると確信していた。

ヨーロッパの南において、現代の地中海は確かに「リメス」（境界線）と見なし得るであろう。それはとりわけ移民や人の流れの場合について言えることである。アンリ・ピレンヌ（Henri Pirenne）の説によれば――のちに多少の手直しを受けるが――中世初期において、古代のわれわれらが海（Mare nostrum）〔訳注：かつての地中海の名称〕の東岸と北岸がアラブ・イスラームにより征服されると、境界線としての地中海がはっきりと示されることになった。(8) さらに何世紀にもわたる人の流れを忘れてはならない。一四九二年、イベリア半島でレコンキスタが終了したとき、オスマントルコ人はバルカン半島と地中海東岸を手中に収めた。十九世紀、いくつかのヨーロッパの強国がこの空間を支配し、地中海の南岸地方（マグレブ、エジプト）に定着した。第一次大戦後、フランス人とイギリス人はレバント地方〔トルコ、シリア、レバノンなど〕を国際連盟の委任統治下に置き支配した。以後、脱植民地化が開始され、地中海はヨーロッパ、アフリカ、西アジア（中近東）をつなぐ海の空間となった。もはや地中海はヨーロッパ一人のものではないにしても、依然としてヨーロッパである。連携・接触の空間として、しかしまた対岸との紛争の空間として、地理学者が「境界領域」と名付けるものである。こうした現実を表現するには、地理学者のイヴ・ラコストが「最大規模の地中海」に対して与えた地政学的定義を借りるのが良いであろう。それによれば、最大規模の地中海は、変動しダイナミックに躍動する空間であり、その境界は地中海沿岸周辺を越えるものである。そのように理解すれば、地中海は敵対する部分を結びつけ、ヨーロッパもこの集合体に参加することになる。人の移動の圧力や、今日アフリカと中東で起きているさまざまな出来事を見れば、地政学的境界は地中海の北岸を越えて存在することか分かる。それゆえに、ロシア人やトルコ人がリビアの地に恒常的に居住することは、ヨーロッパ大陸にとって不安定要因となるかもしれない。

最初のアプローチとしては、ヨーロッパを陽の沈む西方で限定するための目印としては、大西洋が便利であると言えよう。とはいえ、地中海沿岸地域外への進出の重要性を軽視すべきではなかろう。特にポルトガル人、スペイン人、それに続いてオランダ人、イギリス人、フランス人がヘラクレスの柱（ジブラルタル海峡）を越えて外の世界に大きく飛躍した時代についてそう言える。その点では、近代のヨーロッパは「反地中海」[9]的であると言えよう。征服や交易の重要性ゆえに、長い間アメリカはヨーロッパの西方の付属物と見なされることになろう。北米のイギリス植民地の独立宣言（一七七六年）は状況を根本的に変えるものではなかった。地政史学的には、アメリカの歴史的発展——北米での領土的拡大、経済発展ならびにその国際舞台における政治的発展など——は西洋の帝国としての拡大現象（十八—十九世紀）に不可欠の構成要素である。こうしたことを背景にして、「帝国主義の宇宙論」が成立するが、それは当時のヨーロッパの大国指導者たちの地政学的発言や表現を反映している。十九世紀から二十世紀への転換期に、アメリカは大国の仲間入りを果たす。それに伴い、英米間の密接な関係の重心は、ヘンリ・ブルックス・アダムズの描いた図式によれば、テムズ川からハドソン川に移ることになる。第二次世界大戦の初め、当時その知的影響力がよく知られていたアメリカ人ジャーナリストのウォルター・リップマン（Walter Lippmann）は次のように書いた。「人類の歴史において、最重要な出来事の一つが起こった。西洋文明をコントロールする権力が大西洋を越えた[10]」。換言すれば、アメリカでしばしば、ふざけて「水たまり」(pound)と呼ばれることのある「内海」を中心とする西欧世界が確かに存在するようになったのである。

2 陸地と海の相互浸透

もし地質学だけで満足できるならば、ヨーロッパは「アジアの小さな半島」(ニーチェ)と定義しても良いかもしれない。こうしたイメージは後にポール・ヴァレリーが受け継ぐことになる〔本書八三頁〕。しかしながら、大地と海洋の相互浸透ならびに北大西洋の西岸海洋性気候の影響を考えると、ヨーロッパとユーラシア大陸との違いが明らかになる。それゆえに、ヨーロッパは海により切り分けられた、「世界=地峡」(monde-isthmes)である。これらの地峡の中で最も幅の広いものは、フィンランド湾からアゾフ海に至るものである。その距離は一五〇〇キロメートル強ある。これはおおよそ、バルト三国・ベラルーシ・ウクライナの三国とロシアとの国境線に相当する。この地峡を越えると大平原がシベリアまで続いている。東から西にかけて、ヨーロッパの地峡群は次第に狭くなっていく。バルト海と黒海の間は一二〇〇キロメートル、北海とアドリア海の間の距離はさらに小さく一千キロメートルである。最後に付け加えれば、二つの最も狭い地峡はフランスを縦断している。それは英仏海峡と地中海(九〇〇キロメートル)、ガスコーニュ湾（大西洋）とリオン湾（地中海）を結ぶ地峡である。次いでイベリア半島となるが、半島は北大西洋と西地中海に向かって大きく開かれている。イベリア半島は巨大であったがゆえに、大航海時代と「最初のヨーロッパの拡大」（ピエール・メイエ）に際して、ポルトガルとスペインという二つの先導者国家が海洋に乗り出していく出発点となった。一四九三年になると、カスティリア〔イサベル一世〕とレオン国王〔フェルナンド二世〕は、教皇アレクサンデル六世から、世界を二分する分界線を認める勅令〔教皇子午線〕を与えられた。そのラインはアゾレス諸島とカーボヴェルデ諸島をつなぐ線から西へ一〇〇マイルのところに引かれ、大西洋を分割するこのラインを越えて西に広がる地域はスペインのものとされた[11]。エドマンド・バーク（Edmund Burke）の言葉は、海洋国家スペインの運命を思い起こさせてくれる。「スペインはヨーロッパの海岸に打ち上げられたクジラにすぎない」。

海によって分かたれたヨーロッパは、北大西洋の東正面に位置して、その全体は多くの半島、小半島、島々などからなる。ヨーロッパの中央の半島には周辺の半島群が接ぎ木されたように並んでいる。北には、フィンランド・スカンジナヴィア半島と、それよりずっと小さいデンマーク半島がある。南にあるのはイベリア半島、イタリア半島、バルカン半島である。バルカン半島はギリシアとペロポネソス小半島まで到達して終わっている。自然地理学上、アナトリア地方（トルコ）も北海と地中海の間に位置するヨーロッパの半島と見なされるべきである。たとえ文化地理学と地政学上は、トルコのヨーロッパ的性格は否定されるとしてでもある。類似の現象として、大陸周辺の島々は北方グループと南方グループとに二分される。北方では、ブリテン列島はアイルランド、グレイト・ブリテンそれからさまざまな島（フェロー諸島〔訳注：法的にはデンマーク自治領である。ブリテン諸島は地理的名称である〕、シェトランド諸島、オークニー諸島、ヘブリディーズ諸島、マン島、シリー諸島）からなる。それに加えて、フィンランド・スカンジナヴィア半島を取り巻く多くの島々、またバルト海やノルウェーの大西洋正面には多くの島がある。地中海では、南グループにはとりわけバレアレス諸島、三つの大きなティレニア諸島（コルシカ、サルディニア、シチリア）、そしてマルタ島とゴゾ島、ダルマチア群島、クレタ島、エーゲ列島、そしてレヴァント地方正面にはキプロス島がある。最後に、ヨーロッパにはその西の端の島々（アゾレス諸島、アイスランド）があり、北の端にも島々（スピッツベルゲン島を中心とするスヴァールバル諸島）がある。デンマークは、大幅な自治権を認められたグリーンランドに対しても主権を及ぼしているが、この島は地質学的にはアメリカ大陸に属している。

ヨーロッパの「世界＝地峡」の地理学的独自性ゆえに、ダヴィッド・コサンデ（David Cosandey）がその著書『西洋の秘密』（*Le Secret de l'Occident*, Flammarion, 2007）で明らかにした海洋学的仮説に行き着く。このスイス人の随筆家は他の著者と同様に以下の考え方から出発する。すなわち、国家のある程度の安定性と、異なる政治単位間の関係を刺激する競争心が同時に存在することが、ヨーロッパにおける科学技術の歴史的発展を生み出してきたと言えよう。彼の説の独創性はこの著書を力強く貫く地理学的説明にある。すなわち、ヨーロッパは明快な海洋学上の利点、つまり大陸の総体と海岸線の輪郭との間の好ましい関係から利益を引き出してきたようである。大地と海洋との空間の重なり合いに加えて、著者はヨーロッパ大陸に水をもたらし、また人びとを海に向かわせる大河の持つ可能性を考慮している。こうしたすべての要因が相まってヨーロッパ各地の間の通商は容易になった。確かに、世界史を説明するとされる物質主義的、地理的、あるいはその他の説明を、われわれは疑わしく思うかもしれない。一般的には、フランス地政学派（イヴ・ラコスト、ベアトリス・ジブラン、雑誌『ヘロドトス』）は地政学的表象の重要性を強調する。それは人間社会の世界との関係づけにおいて、決定的に重要なものである。同時にヨーロッパ諸国家間の激しい競争が、覇権をめぐる熾烈な争いに発展したことを忘れてはならない。それでもやはり、「海洋学仮説」は、ヨーロッパの歴史と地政学において、海と大洋が重要であることを思い起こさせてくれる。

3　大陸主義と海の地政学

第二次大戦後二十年間で、ヨーロッパの植民地列強は、多くの領土と海外で獲得した拠点から後退した（ポルトガルの脱植民地化は遅れた）。しかし、この時代の言語的、文化的遺産は残り、それは今日、地政学的意味合いを持つようになっている。英語圏とフランス語圏に加えて、スペイン語圏、ポルトガル語圏も影響力を維持している。英連邦、フランコフォニーといった国際組織はヨーロッパの外に一定の影響力を維持することを可能にしている。そのうえ、フランスやイギリス、また他のかつての植民地列強は、地球上の各地に島や拠点を維持してきている。いくつかの例を挙げれば、こうした「帝国の紙吹雪」の戦略的、地政学的役割を了解できる。参考までに言えば、フランス領ギアナのクールーではヨーロッパ航空宇宙産業が脈打っている。勢力バランスがアジアに傾きつつある今日、インド洋や太平洋に散らばるフランス領土は、その排他的経済水域（EEZ）の存在と相まって、重要であることが想起される。インド洋では、イギリスの島であるディエゴ・ガルシアが、アメリカの戦略体制にとって主要な地位を占める軍事基地を受け入れている。南大西洋においては、マルビナス諸島（フォークランド諸島）は将来、単にイギリスの利益にとどまらず、地政戦略的切り札となるだろう。全体としてみれば、これらのヨーロッパからはるかに離れた領土は、「超周縁地域」（RUP）と「海外国・領土」（PTOM）とに分けられる。前者はフランス、スペイン、ポルトガル領などであり、EUの管轄下に入る。後者はEUの構成国に所属するとはいえ、EUの管轄権外にある。後者にはイギリスの属領があるが、フランス領土も南極と太平洋上にある。

これらの地政学的前哨部隊は、いくつかのヨーロッパの大国に対して、広大な排他的経済水域を保障してくれる。その結果、フランスはアメリカに次いで、またオーストラリアを上回る世界で二番目の海洋領域を自由にできることになる。フランスのEEZは約一〇五〇万平方キロメートルに広がり、イギリスのそれの二倍強に相当する。EUとその構成国は合計すれば二五〇〇万平方キロメートルの海域を持ち、他を圧倒して世界第一位である。この事実はいくら強調しても、しすぎることはないであろう。「世界的大洋」はグローバル化の核心である。グローバル化を経済と社会の海洋化ととらえてもよい。確かに、地球上を往来する財の五分の四は海路を通過する。まさにコンテナ船はグローバル化のシンボルになったのである。一般の人にはあまり知られていない事実であるが、大洋横断の海底ケーブルがインターネットのネットワークを物質的に支えている（大陸間通信量の九九％に相当）。そのうえ、海を支配することは大気圏を護るための基本的な支柱となっている。こうした地球大の地政戦略的背景の中に、イギリスによる二隻の航空母艦の建造計画の決定を位置づける必要がある。フランスが二隻目の航空母艦を獲得することの是非を論じているのも同様の判断――「常時海にある」ための必要不可欠の条件――からである。この点についていえば、おそらくヨーロッパは「カロリング朝時代の重心軸」である独仏中心、また大陸ヨーロッパ中心の発想にとらわれてしまっていて、海の地政学を軽視していると言っても良いのではなかろうか。

ヨーロッパの外縁部を描写するとき、グリーンランドのケースが注目に値する。二〇〇万平方キロメートルを超える面積を持った「緑の大地」はフランスの四倍の大きさに相当する。その地表の八五％は氷に覆われ、人口はわずかに五千人である。一九二一年以来、グリーンランドはデンマーク領土の一部である。デンマークはＮＡＴＯ創立時以来のメンバーであり、また一九七三年には欧州共同体（ＥＣ）に加盟している。天然資源に恵まれ、グリーンランドの土地は主要な戦略的切り札といえる。そして一九五一年以来、チューレの町はアメリカ空軍の基地を受け入れている。この基地はＮＡＴＯの迎撃ミサイル防衛体制に組み込まれている。二〇〇八年十一月二十五日の国民投票の結果、グリーンランドの自治権は拡大したが、このことは資源管理の点で重大な影響を持つものである（この分野ではほぼ主権的）。二〇〇九年五月以来、この法的地位は施行されている。それに対して、国家固有の権限（外交と防衛）は従来通りコペンハーゲンから行使されている。デンマークによる金融取引を除き、グリーンランドの経済は天然資源と漁業（輸出の九五％）に基づいている。グリーンランド領海内での炭化水素の埋蔵量のレベルはいまだはっきりしないが、非常に大きいと思われる（世界全体の一〇％と推定される）。将来の独立の可能性を見越して、中国はグリーンランドに関心を示し、ヌークとイルリサットの両空港を財政的に掌握しようと試みた（二〇一八年）。グリーンランドへの進出は北極圏での資源獲得競争への布石ともなるだろう。それに加えて、ヨーロッパとアジア間の移動時間の短縮につながる新しい北極ルート開設の見通しも付け加えなければならないであろう。それゆえに、相手に売却の予定がないにもかかわらず、なぜ前米国大統領のドナルド・トランプ（Donald Trump）がこの領土の買い取りを提案したのか説明がつく（二〇一九年八月）。とにかく、こうした提案が各国の北極圏ならびにその地政学的問題点への関心を集めることは間違いあるまい。その意味で、ノルウェーとそのエネルギー・インフラもとりわけ危険にさらされていると考えて良いだろう。

Ⅲ　精神的姿としてのヨーロッパ

1　ヨーロッパのキリスト教起源の問題

長期の歴史と同様に、自然地理学的要因を見るだけでは、ヨーロッパの定義に対して部分的な答えしか与えられない。それゆえに、文明やその精神的基盤に配慮することが必要となる。ポール・ヴァレリー（Paul Valéry）は、「アテネ、ローマ、エルサレム」と、三連祭壇画（triptyque）に倣ってヨーロッパを定義した。EUの父祖たちの多くはキリスト教民主主義グループの出身者であったので、こうした解釈は疑問の余地のないものであった。当時シャルル・ドゴールとコンラッド・アデナウアーは、ランスの大聖堂で行われたテ・デウム〔神への賛歌〕の際、抗議を引き起こすことなく、仏独の和解を祝うことができた（一九六二年七月八日）。にもかかわらず、EUを定義する条文や条約はキリスト教について何も触れていない。また欧州経済共同体（EEC）の設立時、ローマ条約（一九五七年三月二十五日）では「ヨーロッパ国家」とは何かについて定義はない。当時の考え方からして、おそらくそれは必要がなかったのであろう。しかしながら、トルコはすでに欧州審議会とNATO加盟国であり、EECとの連合協定が調印され（一九六三年）、同国のＥＣへの完全加盟もすでに想定されていた事実とを考え合わせると、問題が引き起こされても不思議ではなかったであろう。だからトルコのＥＣ加盟申請（一九八七年）をギリシアが拒否したことで、他の構成国はヨーロッパの地政文化的限界とその政治的・戦略的含意について深く考えを巡らせる必要がなくなったのである。冷戦後は中東欧諸国への支援が優先された。かつてソ連の衛星国であったこれらの国々は政治的、経済的過渡期の状態にあった。ＥＵの東側と南東側への拡大が避けられないと考えられるようになると、加盟のために満たすべきいくつかの条件がはっきりしてきた。コペンハーゲンで開催された欧州首脳会議（一九九三年六月二十一日―二十二日）において定められた加盟のための基準は、政治、経済、司法領域に関するものであった。要するに、加盟候補国は自由民主主義、市場経済、法治国家を尊重しなければならないということであった。

二〇〇二年の「ヨーロッパの将来に関する諮問会議」が開催されると、ほどなくしてヨーロッパのキリスト教的ルーツについての議論が始まった。元フランス大統領のヴァレリー・ジスカールデスタン（Valéry Giscard d'Estaing）委員長の下で開かれたこの会議は、一〇五人の委員からなる諮問委員会であり、その役割は今後の政府間会議の準備をして、憲法条約案を練ることであった。制度的枠組みの改革を行えば、ＥＵは政治的効率性を高めながら、拡大が可能になるであろう。諮問会議議長が「モネとメッテルニヒのいずれを取るかの問題ではない」とは言うものの、連邦主義者とヨーロッパ懐疑主義者の考え方は、会議の間ぶつかった。しかしながら、ヨーロッパの将来に関する諮問会議は、何とか条約案をまとめ、それはテッサロニキのEU首脳会議（二〇〇三年六月二十日）に提出することができた。政府間会議での修正を受け、条約案は「ヨーロッパ憲法」と呼ばれるようになった。この名称にはいささか誇張がないでもない。なぜなら、この文書はこれまでの条約を総合したものであったからである。ただし、二〇〇四年には加盟国を二十五に増やすことが決まっていたので、EUの意思決定の麻痺を防ぐためのいくつかの調整が加えられた。この「ヨーロッパ憲法」がその後どうなったかは周知のことである。二〇〇五年には、フランスとオランダの選挙民によって憲法案は否決されてしまった[12]。実のところ、最も議論を呼んだのは、冒頭のヨーロッパの「キリスト教的起源」についての言及であった。もちろんキリスト教の教義をEUの創設基盤としようとしたわけではなく、歴史的遺産を想起させようとしたにすぎなかった。しかもそれを唯一絶対のものとしていたわけではない。ギリシア・ローマの遺産、ルネッサンス、啓蒙主義についても言及されていた。他のいかなる国も反対しなかったのに、フランスのジャック・シラク（Jacques Chirac）大統領の要請で、キリスト教への言及の部分は削除されることになってしまった。

最終的には国民投票で否決されることになる条約文からキリスト教的ルーツについての記述はなくなるが、いずれにしても、歴史的あるいは地政学的意味について十分議論されることはなかった。確かに、イエス・キリストが生まれたのはヨーロッパではなく、ローマ帝国内のアジアの一地方であった。紀元後二世紀の間にキリスト教は帝国の西部地方に定着した。三一三年、コンスタンチヌス勅令により信仰の自由が与えられ、キリスト教は公認された。次いで三八〇年、テオドシウス帝はキリスト教を国教とした。古代後期から、キリスト教はヨーロッパの文明形態の形成過程において決定的に重要であった。自由の存在論的概念、その具体例として変種や、反模倣の主張の自由があり、またスケープゴートの論理の拒否などがある。さらに人間が責任を負う世界を改善したいという願望、良心の重視とローマ法の道徳化、世俗的領域と精神的領域の区別など、こうしたことすべてが非常に多くの貢献と影響をもたらしており、それなしには西洋文明の特異性を理解することはできないであろう。神とシーザーとを区別する新約聖書に深く根を下ろし、それはまたグレゴリウス改革（十一世紀）の起源ともなったライシテ〔政教分離〕原則はキリスト教から解放された娘〔所産〕ではなかろうか。要するに、権利宣言、自由民主主義、法治国家は、キリスト教人類学と古代からの遺産の再解釈に基づいている。哲学者のレミ・ブラーグ（Rémi Brague）は、この点に特徴的な一つの立場と態度を見てとっている。『ローマ街道』は二重の二次的性格の中にある。一つはギリシア人に対する生徒としてのローマ人。もう一つは旧約聖書に対してキリスト教徒〔新約聖書〕であること。結局のところ、ヨーロッパ的であるということは、一つの古典的モデルを受け取り、それを後世に伝えることである。このモデルに戻ることは、その内的混乱を秩序立て、ヨーロッパの歴史を特徴づけた連続的再生の形而上学的基盤を築くことになろう(13)。

2 議論されている地政学的争点

ヨーロッパ社会の世俗化、さらには非キリスト教化を主張することで、こうした議論に終止符を打てると考えることは誤りであろう。一方では、ヨーロッパ社会における宗教心の曖昧化、宗教的諸制度の衰退と精神現象の深遠さとの混同がある。さらにその他多くの兆候があり、近代の「大きな物語」〔リオタール〕の代わりとされる世俗化の命題を再検討することが要請されている。他方では、キリスト教の遺産は本気で否定することのできない歴史的事実である。ヨーロッパのキリスト教的起源を否定することは、ヨーロッパをアイデンティティ・レベルで扱うことを躊躇させることになり、それは地政学的意味合いを持つことになる。長期的に見れば、ヨーロッパ・アイデンティティの「脱構築」〔デリダ〕はその矛盾点を明らかにすることになる。というのも、第二次世界大戦後に至るまで、ヨーロッパ諸国の指導者や思想家たちは、彼らのナショナル・アイデンティティの主張にもかかわらず、自分たちは同じ地理的・文明的全体に所属していることを自覚していたのである。もう一度ポール・ヴァレリーの明快な言葉に立ち返ってみよう。「順次ローマ化され、キリスト教化され、また精神的にはギリシア人の規律に従ったどんな人種も土地も、間違いなくヨーロッパそのものである」[14]。それ以来、長い間ヨーロッパ思想を特徴づけてきた、中心から視線を移動・修正すること、「内省的に視線を向けること」、そして自己批判能力などは自己否認や自己破壊に道を譲ったのである。こうした一般的態度は、ポストモダンの態度であり、それは一般化された相対主義を背景にして、主題、アイデンティティ、作者、作品の概念自体に疑問を投げかける知的潮流である[15]。

ヨーロッパの枠を超える問題意識を持って、大陸の主要部分をなす国家を集めて統一した力を創り出そうと試みたとしても、こうした精神状態の影響を免れることはできない。ここではジュリアン・フロイントが「政治の本質」と名付けたものに立ち返ってみる必要がある。すなわち、政治の本質とは責任を負う人間集団内部の調和と、外部の安全確保を固有の目的とする本来的活動である[16]。このように理解すると、政治は独特の手段を持っていると言える。それは力、権力、そして必要な場合には武力の使用である。歴史の中で存続するためには、政体（politie）、すなわち、さまざまな政治単位の集合体は、敵が不意に現れたときにも、それを特定化する準備ができていなければならない。それゆえに、EUやその構成国の全体は、真の政治的存在となることを望むのであれば、「彼ら」と「我ら」の区別をしないで、いつまでも存続するわけにはいかないであろう。このレベル、すなわち大陸全体のレベルで考えると、「彼ら」と「我ら」の分断は、文明と未開の区別を思い起こさせる。こうした二つ一組の状態というものは、歴史上のいつの時代にも見られた。ギリシア・ローマの古代から、十九世紀に勝利を収めたヨーロッパに至るまで、さらにはすべての文明においても見られる現象である。それゆえに、「帝国=世界」である中国は世界を二つに区分していた。部分的に文化変容した「調理された野蛮人」、すなわち「周辺地域に位置する朝貢国」と、同化不可能な「生の野蛮人」、すなわち、「遠方の外部世界からやってきた西洋人」との区別である。いずれにせよ、肉体と権力への意志の次元において、こうした弁証法は、友／敵タイプの対立に変形する可能性がある。この点で、ジュリアン・フロイントの激しい言葉が想起される。「敵を指定するのは私ではない。私をそうだと指定するのは敵の方だ」。

こうした観点からすると、政治的ヨーロッパというものは、物事の管理のメカニズムとは考えられないであろう。それは権力の論理を超えて、人道的使命を持つ将来の「国家=世界」の要石となろう。「ヨーロッパ＝パワー」〔強国ヨーロッパ〕は、一九九〇年代から二〇〇〇年代にかけてフランス外交が強く主張したテーマである。これは集団的帰属意識なしには存在しえないものであろう。それは真の政治共同体形成にとって必要な根本的な精神状態であり、中世の人たちが普遍性（universitas）と呼んでいたものである。それはさまざまな強力な感情の混合物のようなものと定義される愛国心の一形態であり、直感的に感知される心理的エネルギーの源泉をなすものといえよう。この場合、それは文明を愛する心であるといえよう。先に検討したように、過去から受け継いだ遺産にもかかわらず、マーストリヒト条約（一九九二年）以来認められるようになった「ヨーロッパ市民」概念は決して自明のこととはいえない。ベルナール・ヴォワイエンヌ（Bernard Voyenne）は〔遡ること〕四十年前に次のように記している。

ヨーロッパ（人）意識には本能的なものは何もない。実のところ、これまでも厳密にいえばヨーロッパ祖国愛なるものがあったとは言えない。ヨーロッパという観念はエリートたちのものである。それは意識そのもの、とりわけ政治意識とともに発展していくものである。この意識は、貴族主義的なものが固有な性格として持つ、豊かさと欠陥を持っている。(17)

国民感情とは異なり、特定の感情に属するのではないヨーロッパ観念の形成には、知的なプロセスが必要とされる。意識形成の最初の段階は、一つの文明共同体の存在を認識することである（「われわれはヨーロッパ人である」）。第二の段階としては、その文明空間を政治的・軍事的に統一することが必要になる（「ヨーロッパを形成しなければならない」）。残念なことに、知的な表明だけでは、諸大陸の均衡の中に一つの大陸を築くことにはならないであろう。

3　ヨーロッパか西洋・西欧か？

長期的な歴史を経て、固有のヨーロッパの基礎を築いた哲学的、宗教的、精神的遺産は、「大きな物語」と地政学的表象を生み出すのに十分な材料を提供してくれる。しかしながら、文明的視点からすると、当然ながらもっと包括的な観念に導かれることになる。それは歴史の長い時間の中に根差した、おそらくもっと明白なもの、すなわち西洋という概念に導かれていくことになる。語源的には、「西洋」とは太陽が沈み、死滅する大地のことである〔occident の語源は、ラテン語 occido「沈む」〕。このように定義された西洋の概念はヨーロッパと一致する。ヨーロッパはアッシリア起源の言葉（Ereb: 日没）である。とはいえ、西洋とヨーロッパの二つの広がりの境界は完全には一致しない(18)。ディオクレティアヌス帝（在位二八四—三〇五年）による帝国四分割の構想以来、テオドシウス帝が実施したローマ帝国の分割（三九五年）から、西方帝国（imperium hesperium）（日の没する帝国）が誕生した。この土地はラテン語を使う属州である。数十年後、ゲルマン人の首領のオドアケルは西ローマ帝国を打倒する（四七六年）。その帝国はずっと後になってシャルルマーニュにより（八〇〇年）、次いでオットー一世により再建されることになる（九六二年）。中世期の慣用語としての西洋は、帝国、ヨーロッパ、キリスト教世界など、しばしばその一部が重なり合って使われる。とはいえ、中世の西洋がヨーロッパと一致するのは部分的なものにすぎない。西洋はラテン語使用地域の総称であり、西ヨーロッパと、中央ヨーロッパの一部を指す。そしてその先は、東方のギリシア正教地域となる。近代初頭には、地理的な大発見によりヨーロッパ西方の付属物として、大西洋の向こう側の地域が加わった。大洋を超える帝国のダイナミズムは十八、十九世紀にはこれらの空間をつなぎ合わせるが、こうした動きはさらにアメリカ合衆国の独立（一七八三年）後も続いていった。多くの点からして、アメリカの孤立主義は、グローバル経済史における政治的側面としての自己主張を強めつつあり、帝国の新たな歴史のプリズムを通して再考されるべきであろう。

　次第に、西洋という語は、文明の視点からして、西ヨーロッパと北アメリカを合わせたもの〔訳注：西欧、欧米〕を指すようになる。オリエント〔東洋〕については、そののちオスマン帝国を指すようになり、二十世紀の初頭に至るまでバルカン半島（ヨーロッパの南東地域）の大きな部分にまで拡大していった。一九四七年以降、西欧という語は一層論争的な意味をおびるようになり、また活発に用いられるようになる。ボリシェヴィキの「赤いオリエント」に対して、西洋は「自由世界」の象徴になる。北大西洋はわれ、い、ら、が海と見なされ、NATOはこの新しい地政学的全体像の政治・軍事的表現となる。要するに、太陽の沈む夕暮れ時の神話は、強力な心理的情動と文明的諸価値を帯びた世界の概念として、再び姿を現してきたのである。こうした全体像は、世界の一部地域というよりも――西洋が意味するものと境界は時代とともに変化した――一層社会の形態、信念、態度、価値、理想の全体と結びつくものとされる。暗黙のものと明白なもの、情動的なものと知的なものとを混ぜ合わせた、こうした表象は、現実の姿を解釈するための枠組みを提供してくれる。しばしば、西洋への言及は暗黙のものとなり、それゆえに、さまざまな仕方での説明が可能となる。第一に、西洋という用語はヨーロッパ列強の植民地時代の過去、つまり「帝国主義」と脱植民地化時代の紛争と結びつく。第二に、それがいかなる西欧の計画であっても、地理的により狭い「ヨーロッパ統合」プロジェクトと矛盾してしまう。そして最後に、さらに物事の本質を突き詰めていくと、西洋・西欧は論争を呼び、戦争学のような激しさを帯びる概念となる〔訳注：「論争」の語はギリシア語の語源では戦争を意味する〕。こうした西洋・西欧という場所の名前は、政治においては、システムの機能のためには反対者も必要であることを想起させてくれる。

しかし、はっきりと西欧について言及しなくとも、ＮＡＴＯが西欧全体の地政学的境界を限定してくれる。たとえオーストラリアとニュージーランドがこの同盟に加わっていなくとも、両国は「グローバル・パートナー」として、ＮＡＴＯに結びついている。それに加えて、両国はアメリカやイギリスに、同盟や二国間関係を通じて結びついている。さらにはオーストラリアの場合にはフランスとの結びつきもある。しかしながら、ＮＡＴＯのグローバル化に関する同盟諸国間の議論の示すところによれば、西欧という概念は厳密にいえば、北大西洋の両岸で同一であるわけではない。そしてその不一致の背景には、「テロリズムとの闘い」やアフガニスタンへの介入などの問題がある。今日、西欧とは多元主義的憲法体制と市場経済を持つ国々のクラブを意味すると受け止められている。「市場民主主義」の国はＮＡＴＯの範囲を越えて世界中に広がっている。[19] 冷戦後に至るまで、アメリカの指導者たちは、ギリシア・キリスト教的領域を起源とする国々に共通の哲学的遺産や歴史的ビジョンよりも、世界に開かれた計画やモデルとしての西欧のビジョンを優先させてきたのである。冷戦後、政治的、経済的近代化のプロジェクトとしての西欧というビジョンは、アメリカの拡大戦略に影響を与えた。すなわち、それは民主主義と市場の「境界線」の拡大を意味したのである。すべてのこうした含意を認めず、多くのヨーロッパの同盟諸国はＮＡＴＯ本来の設立理由に基づき、ヨーロッパ・大西洋空間への地理的、戦略的再結集を主張したのである。とはいえ、西欧をこのように制限的にとらえたとしても、それはヨーロッパをその内に含み、それよりも広いものである。したがってドナルド・トランプの「アメリカ・ファースト」の考え方に従って、仮に大西洋をまたぐ絆を緩めたとしても、それはヨーロッパにこれまで以上の地政学的実質を与えることになるだろうか？　それは大陸諸国間の連帯を犠牲にして、どうせ国民国家レベルでの優位を強めるだけのことになってしまうだろう。最後に付け加えれば、近代化のプロジェクトとしての西欧という考え方は、トルコのケースでつまずくことになる。ロシアの南側国境地帯に展開するＮＡＴＯ軍の側面部隊が地政学的状況の急変を引き起こすと、その結果、地中海東側や中東における再編や見直しが誘発されることになるかもしれない。トルコ問題は、設立されたヨーロッパ同様に、西欧についても再考を迫ることになる。人民中国の自己肯定の主張、新型コロナの流行、北京の攻撃的な外交、「戦狼」〔訳注：中国が流布させた、狂ったハイエナと戦うオオカミとしての中国外交。二〇二一年七月、駐仏中国大使がフランスのプレスに対して使った表現〕などは安全保障上の争点を全面に押し出すことになった。ＮＡＴＯとその構成メンバーは、「対中政策の方向転換」（China's Turn）で合意できるであろうか？　実のところ、ウクライナ戦争は「ロシア－ユーラシア」を最上位の脅威に引き上げた。ＮＡＴＯの最新の戦略概念（二〇二二年六月二十八日―三十日のマドリード首脳会合）は中国からの挑戦についてもやはり言及している。

第一章原注

（1）Cf. F. Braudel, *La Dynamique du capitalisme*, Paris, Flammarion, 1985.
（2）以下を参照せよ。La « mondialisation ibérique » de Serge Gruzinski, *L'Aigle et le Dragon. Démesure européenne et mondialisation au XVI*[e] *siècle*, Paris, Fayard, 2012.
（3）Cf. J. Baechler, *Le Capitalisme*, Paris, Gallimard, « Folio histoire », 1995 (2 volumes).
（4）H. Kissinger, *Diplomatie*, Paris, Fayard, 1996.
（5）欧州連合とは異なり、欧州審議会は法と政治協力に力点を置く国際機関である（一九五〇年十一月四日調印のヨーロッパ人権条約を参照せよ）。ロシアとトルコを含む四十七か国が加盟〔二〇二二年にロシアが脱退し、二〇二四年四月現在四十六か国〕。
（6）これらの割合は欧州審議会の構成国の三万八〇〇〇キロメートルの国境線に関するものである。一九九〇年代には中東欧諸国、ロシア、南コーカサスが欧州審議会に加わった。
（7）山岳学（Orographie）とは山や起伏を対象として記述を行う地理学の一分野である。
（8）H. Pirenne, *Mahomet et Charlemagne*, Paris, Alcan, 1937.
（9）Cf. R. Brague, « Quelques mythes méditerranéens », in *Au moyen du Moyen Âge*, Chatou, Éditions de la Transparence, 2006.

（10）P. Golub による引用。*Une autre histoire de la puissance américaine*, Paris, Seuil, 2011.

（11）翌年結ばれたトルデシリャス条約（一四九四年）は、新世界を分割するラインの東側にある土地をポルトガルのものとした。

（12）この憲法条約の主要な条項は、二〇〇七年十二月十三日に調印されたリスボン条約の中に取り込まれた。

（13）Cf. R. Brague, *Europe, la voie romaine*, Paris, Gallimard, « Folio essais », 1999.

（14）P. Valéry, *Zurich*, 15 novembre 1922. この講演のテキストは最初 *Revue universelle* 誌に掲載され、次いで *La crise de l'esprit. Deuxième lettre* (1924), Paris, Éditions Manucius, « Le Philosophe », 2016 に収録された。

（15）J. Dewitte, *L'Exception européenne. Ces mérites qui nous distinguent*, Paris, Michalon, 2008.

（16）J. Freund, *L'Essence du politique*, Paris, Sirey, 1965.

（17）B. Voyenne, *Petite histoire de l'idée européenne*, Paris, Édition de la campagne européenne de la jeunesse, 1952.

（18）インド・ヨーロッパ語の語源では、「ヨーロッパ」は「広い視野」を意味しており、人びとが見渡す広大な土地を指すもののようである。

（19）第二次大戦後、トルコと日本は、この西欧クラブの名誉会員になったようである。

第二章　グローバル・アクターとしてのEUの限界

第二次大戦後、多数国家からなる地政学的協働システムが設立された。最初は、西ヨーロッパの一部に限定されたこの統合の試みは次第に拡大し、ますます野心的なものとなっていった。冷戦が終わると、中東欧諸国がEUに加わった。とはいえ、この「汎ヨーロッパ的連邦」は、依然として力による政治を遂行することを可能にするグローバルな地政戦略的アクターではなかった。

I　成立したヨーロッパ――政治的野心と大市場の間

1　ドイツを再建してヨーロッパに組み込み、ロシアを封じ込める

フランス人が「ヨーロッパ建設」〔ヨーロッパ統合〕と名付けるものを今日振り返ってみると、

「ヨーロッパの父祖たち」は時に野心を欠き、防衛よりも経済を優先したと指摘しがちである。また当時の再建の困難と、人びとを苦しめた欠乏状態を過小評価することにもなりがちである。この点で、マーシャル・プラン（一九四七年六月月五日）は、ギリシアやトルコを含めた西ヨーロッパ諸国同様、フランスにとっても決定的に重要なものであったといえよう。ソ連の統制下にあった中東欧に対して、ソ連はアメリカからの援助の受け入れを禁じることになろう。それゆえに、とりわけ安全保障をめぐる諸争点が一挙に西欧の指導者たちの上にのしかかってくることになったのである。すぐにソ連の現実的脅威が、ドイツ軍国主義復活の危険性を上回ることになる。ドイツは東西の占領地区に二分され、ヨーロッパを分断する鉄のカーテンがドイツ領土の真ん中に降ろされる。アメリカの経済・財政上の援助を合理的に分配するために、ヨーロッパ経済協力機構（ＯＥＥＣ）が設立される。これは最初のヨーロッパ的機構である。次いで欧州審議会（Council of Europe）が設立される。軍事の領域では、英仏はダンケルク条約（一九四七年三月四日）に調印する。これは平時において連合王国〔訳注：大ブリテンと北アイルランド。以下イギリスと表記〕が結んだ最初の同盟条約である。すぐにフランスとイギリスはソ連の拡張主義に対抗して、西ヨーロッパ諸国を糾合する同盟条約の締結に向けて努力を傾けることになる。一九四八年三月十七日、フランス、イギリス、ベネルクス諸国（ベルギー、ルクセンブルク、オランダ）は西側同盟（WU）〔訳注：のちに西欧同盟（WEU）と改名〕を設立する。それと並行して、英仏外交当局は、ヨーロッパに対するアメリカの軍事的コミットメントが維持されるように、トルーマン（Truman）政権の説得を試みる。そして一九四九年四月四日、北大西洋条約が締結された。

翌年、こうした北大西洋とのつながりを背景として、欧州石炭鉄鋼共同体（ECSC）が設立される。主としてフランスとドイツ連邦共和国（以下西ドイツと表記）との合意に基づき、ECSCは、長い間敵対関係にあった両国の間に和解を成立させるための計画として提示された。とはいえ、この事例だけで事の一部始終を語るわけにはいかない。ソ連の脅威にもかかわらず、フランス政府は一時期、「ドイツ軍国主義」復活の可能性に対抗して、力の政策を実行できるようになることを望んだ。そのため、アメリカの支持する西ドイツの創立（一九四九年五月二十三日）をなかなか受け入れようとしなかった。したがって西ドイツ経済の再建問題が提起されることになるのであった。フランス外務省の「時計の間」で演説（一九五〇年五月九日）したロベール・シューマン（Robert Schuman）外相は、仏独の和解を心から望んでいたにもかかわらず、フランス側では、ECSCを西ドイツのエネルギー産業分野の潜在力を封じ込めるための手段ととらえる考え方があった。「六か国からなるヨーロッパ」の政治的、制度的成功は統合支持者に一層の前進を促すことになる。一九五〇年九月の提案に基づくプレヴァン・プランは、欧州防衛共同体

（ＥＤＣ）を創設して、それをＮＡＴＯのヨーロッパ側の支柱とするというものであった。この点においても、真の争点はアメリカの望む西ドイツの軍事的再建を、いかに統率できるようにするかにあった。アメリカは大西洋防衛の重荷をよりよく分担できるようにしたかった。フランス側からすれば、ＥＤＣの利点は単純明快である。「ドイツ軍なきドイツ兵」のアイディアである。一九五二年五月二十七日、六か国はパリ条約に調印する。予想に反してフランスの政治勢力は分裂し、ドゴール派と共産党だけが、その理由は異なるものの、一致して「ヨーロッパ軍」案に反対した。一九五四年八月三十日、フランス議会は同条約案を審議することなく棄却した。

ＥＤＣの失敗後、西ドイツ再軍備の代替案を見つけなければならなかった。それはまずＮＡＴＯであり、付随的に後に「西欧同盟」（ＷＥＵ）と改名される西側同盟（ＷＵ）である。ヨーロッパ的視点にとらわれていた統合支持者は、ＥＤＣの失敗からいくつかの教訓を引き出した。政治や軍事面にまで拡大する連邦主義への反対を考慮して、六か国政府は共同市場というもっと控えめな計画に後退した。経済、通商面での統合は将来のヨーロッパの政治的統一の前提であると見なされた。一九五七年三月二十五日、六か国は欧州経済共同体（ＥＥＣ）設立のためのローマ条約に署名する。イギリスは共同市場の枠内に入らず、この条約の実現の重荷は主として仏独両政府の肩にかかってくることになる。ドイツはヨーロッパ統合を通して贖罪の機会を求めたのに対して、フランスは自身の復活を求めた。フランスにとって「ヨーロッパ」はパワーの増幅器と見なされたのである。創設以来、EECは政府間主義（諸国家からなるヨーロッパ）と連邦主義（ヨーロッパ合衆国）との間を揺れ動く存在であるとの評判を得てきた。しかし、実態はもっと複雑であった。図式的に言えば、制度的構造はそれぞれ異なる三つの計画の産物であった。第一に、技術的、問題の調整役を担う機能主義であり、その役割はEC委員会と司法裁判所が果たしている。第二に、国家連合であり、欧州理事会（首脳会議）により代表される。第三に、議会主義的連邦主義であり、普通選挙で選ばれる欧州議会に基礎をおいている。こうした三種類の要素からなる構造において、委員会はさまざまな役割を担っている。すなわち、機能主義者にとっては、メンバー国のテクノクラート官僚たちの間の調整役であり、連邦主義者にとってはEUの将来の政府のような存在である。反対に、国家連合モデルを主張する人びとは、委員会を欧州理事会の事務総局と位置づけたいようである。

2　限定的だが実効性のある野心を持った半分のヨーロッパ

設立されたヨーロッパは、まずECSC、次いでEECという形を取る。多くの点から見て、このヨーロッパは大西洋とつながるヨーロッパである。その安全保障と経済的繁栄は大西洋を横断する絆に大いに依存している。「沖合の小舟を安定させる浮き」、「保険の最終的引受人」（NATO内部におけるアメリカのリーダーシップを見よ）として、またアメリカは「最終的買い手」でもある。こうして貿易と関税に関する一般協定（GATT）が調印される。アメリカは以後、自由貿易に賛同して自国の巨大市場を開放するのである。六か国からなるヨーロッパの東側は、鉄のカーテンにより、はっきりと境界が定められた。コメコン（経済相互援助会議）とワルシャワ条約機構のメンバー国は、まぎれもなくヨーロッパの一員であるとしても、この「誘拐された西欧」の運命はソ連によって決定されることは明白である。それに、鉄のカーテンの西側に位置する多くの国はEECのメンバーではない。それはとりわけイギリスの場合に当てはまることである。イギリスはEECと競合する欧州自由貿易連合（EFTA）を一九六〇年に出現させた。北欧諸国に加えて、ポルトガル、スイス、オーストリア、リヒテンシュタインがEFTAの原加盟国である。しかしながら、EECの方がEFTAよりも有効であることが明らかになると、イギリス自身いそいでEECの戸を叩くことになる。一九七三年、イギリスはデンマーク、アイルランドと同時に欧州共同体（EC）加盟を果たす。ノルウェーは国民投票の結果、加盟を拒否することになる。一九八一年、今度はギリシアがECに加盟する。ギリシアの場合は特別である。その領土は地中海の東部地域にあり、他の構成国により形成される連続的空間から切り離されているからである。とはいえ、ギリシアは一九五二年からNATOのメンバーであり、またEC加盟により民主主義の定着も目標としていた（「大佐による体制」は一九七四年に崩壊した）。さらにスペインとポルトガルでは権威主義的政体が消滅し、ヨーロッパへの道が開かれた。一九八六年、両国はEC加盟を果たす。その結果、ベルリンの壁の崩壊直前には、ECは地政経済的構造物となっていたのである。

冷戦に固有の拘束要因があっても、EC構成国が互いの絆を強めることの妨げとはならなかった。ただちに統合計画は単なる自由貿易地域や関税同盟にとどまらずに前進を続けていく。農産物や工業製品の自由な流通の実現や、域外共通関税の採用に加えて、六か国はさまざまな共通政策の概念やその実施について合意していった。中でも最も古く、しかも最重要なものは共通農業政策（CAP）である。共通農業政策はローマ条約の前文で謳われ、第三九条でその内容が定められている。EECの主要な農業国であるフランスは、この共通政策の実現（一九六二年）に努めた。この時代、構成国内ではいずれも食糧が不足しており、貴重な外貨を使ってアメリカから大量の小麦を輸入しなければならなかった。それゆえに、農業問題は地政学的側面を帯びていたのである。CAPの共同の枠組みの中で、ヨーロッパの農業部門の近代化が実現し、ついにはヨーロッパ農業の劣位の状況を逆転させることになる。例えば穀物生産は過剰となり、輸出に転じた。とりわけ世界市場において、穀物はアメリカやカナダ、ならびに両国ほどではないとしても、アルゼンチンとは競合関係に置かれることになる。食料安全保障や武器としての小麦といったテーマが重視されることで、ＥＥＣは世界の穀物市場でのプレイヤーへと変身し、世界の食料システムにおいて一定の重きをなすことになる。域内地域間の不均等発展を正すことを目的として一九七二年に始まった地域政策（今日の経済・社会・領土的結合政策）は地政学的側面を持たない。エネルギー政策については、「ヨーロッパ建設」の初めから地政学的意図が存在した（石炭のためのＥＣＳＣ（一九五一年）、原子力のための欧州原子力共同体（Euratom）（一九五七年）が設立された）。しかしリスボン条約（二〇〇七年）を待って初めて、共通エネルギー政策が成立することになる。それはいまだ、おぼろげに姿を見せるにすぎないのであるが。

要するに、ＥＥＣは基本的には経済・通商の領域で機能するものである。構成国はそれぞれ主権を維持し、軍事面ではほとんどの国はＮＡＴＯに加盟している。冷戦時の国家の存続に係る争点、核の脅威、第三世界で行われる「間接的影響力行使戦略」（stratégies obliques）などの分野においては、ＥＥＣが実現したことは多くないと言えよう。しかし共同市場の要求は、結果として経済の領域を超える国際的意味をもたらすものであった。こうして、ドル危機、ブレトンウッズ体制の変調、一九七一年八月十五日の「通貨クーデター」（ニクソン・ショック）の結果は、西欧諸国に将来の経済・通貨同盟（ウェルナー（Werner）報告、一九七〇年）への道を模索させることになる。今日から振り返ってみると、「通貨のヘビ」〔スネーク制度〕（一九七二年）と欧州通貨制度（EMS）（一九七九年）は単一通貨創出（一九九九年）に至る道での一里塚であったように見える。国際貿易の分野では、ECの構成国は委員会に交渉権限を与えるようになる。それを受け、委員会はGATTの「ラウンド」で構成国の代理として交渉を行うのである。金融サービスその他の分野に拡大される「単一市場」実施の前提として、単一欧州議定書（一九八六年）が採択されたことは新しい段階の第一歩を記すものであった。EU公共コミュニケーションにおいて、EUは日米との国際競争にさらされている。日米は「三極」（日本の経済学者の大前研一の造語）の内の二つである。EU委員会と構成国は、地政経済学的に見て統一されたグローバル・アクターを自任している。このことは、アメリカ人の軍事戦略研究家のエドワード・ルトワックが、こうした研究分野を創設する以前からすでにそうであった。

3　冷戦から「新たな集合論」まで

たとえ経済が一定の自律的影響力を持つ領域であるとしても、世界の複雑な戦略的状況に大きく規定されてしまう。ミハイル・ゴルバチョフ（Mikhaïl Gorbatchev）の政策が統制の利かないさまざまな力を解き放ち、ソ連ブロックの内側からの爆発を引き起こすことになるまで、東西対立が国際舞台の構造を特徴づけ、その時代のすべてにその刻印を刻んだのである。この「五十年戦争」〔冷戦〕の間の西ヨーロッパは、あたかもヨーロッパ・大西洋共同体の東の辺境地帯のように見えた。アメリカの「核の傘」、すなわちアメリカの拡大抑止力の下に置かれたままでは、ヨーロッパはなかなか完全に権力を行使できる地政戦略的アクターとはなりえないであろう。そうは言っても、二つの超大国間の見せかけの均衡に誘惑されてはならない。西側陣営はソ連ブロックのようには組織化されていない。それよりも、NATOに対して主要な貢献が可能な、少数の有力なヨーロッパの同盟国とアメリカとを結びつける目立たない指導体制に注意を向けることが重要である。誰でも英米の「特別な関係」の重要性を分かっている。しかし本当のところは、二つのレベルにおけるある種の大西洋協調体制が、冷戦初期から形成されていたのである。それはすなわち、国連安全保障理事会におけるP3（アメリカ、イギリス、フランス）と、NATO内における先の三か国からなる常任グループ（Standing Group）である。一九七〇年代初め、ボン・グループ（アメリカ、イギリス、フランス、西ドイツ）が目覚ましく台頭し、「クワッド（四頭体制）」の名称の下、NATOの新しい指導者層となったのである。一九九〇年代、バルカン半島の情勢ゆえに、この指導体制にイタリアが加わり、事実上の「クウィント（五頭体制）」

になった。世界的レベルでは、G7は同じ大国を集め、それにカナダと日本が加わっている。グローバルな地政戦略的アクターになれないとしても、ヨーロッパの主要大国は、世界的舞台におけるすべての役割を諦めたわけではないと言えよう。(1)

汎ヨーロッパのレベルでは、ヘルシンキ会議(一九七三―一九七五年)〔訳注:全欧安全保障協力会議〕は超大国のアメリカとソ連、それからアルバニアを除くヨーロッパ大陸のすべての国家、それからカナダを一つのテーブルに着かせた。そしてデタントの土台の上に、この広範な外交的試みからヘルシンキ最終議定書が生まれた(一九七五年)。これはヨーロッパで「熱い戦争」が勃発するのを避けるために、正しい行動の倫理的規範を定めたものである。この合意は第二次大戦の結果としての国境線の不可侵、人権尊重、科学・技術・経済面での東西協力の約束などからなる。それに続いて、(全)欧州安全保障協力会議(CSCE)へ参加した三十五か国が、〔訳注:再検討会議のため〕ベオグラード(一九七七―一九七八年)、マドリード(一九八〇―一九八三年)、ストックホルム(一九八四―一九八六年)、そしてウィーン(一九八六―一九八九年)に集まった。冷戦終結以前からすでに、この枠組みを使った東西交渉は、ヨーロッパ・大西洋の広大な空間――バンクーバーからウラジオストック――をカバーする安全保障共同体の先駆的な存在となった。一九九〇年十一月二十一日のCSCEの会合で「新しいヨーロッパのためのパリ憲章」が採択された。これは冷戦の終わりを公式に示すものであった。同憲章は、法治国家、自由、民主主義、市場経済、安全保障分野での協力などの原則の上に立つ新しいヨーロッパを設立しようとするものである。一九九四年、CSCEは（全）欧州安全保障協力機構（OSCE）となった。次第に汎ヨーロッパ的安全保障構造が姿を現し、その基盤には信頼醸成と軍縮があった。この仕組みの全体は、ヨーロッパに最終的平和を保障するものと見なされたのである。

　こうした動きの間、東西ドイツが再統一し（一九九〇年）、ソ連ブロックが内側から崩れ、ソ連が崩壊した（一九九一年）。こうした事態は途方もないことであり、「歴史はその歩みを早める」ことになるであろう。こうした時代の挑戦に応じるためには、「新たな集合論」を必要とする。一九九二年五月四日の欧州審議会でフランソワ・ミッテラン（François Mitterrand）が使ったこの表現には、冷戦の終焉により明らかにされることになるヨーロッパの地政学的問題のすべてが含まれていた。グローバルな視点から問われているのは、ヨーロッパ・大西洋空間、ユーラシア地域のヒンターランドにおける新たな勢力均衡をどのように定義するかということである。中東欧における混乱の拡大を避けるためには、この地域の諸国家の自由民主主義や市場経済への「移行」を容易にするために、国際的援助を集中的に行うことが重要である。事実、セルビア、クロアチア、ボスニアのイスラーム教徒間で長期にわたる戦争が続き、ユーゴスラヴィアは混乱した。そしてボスニア・ヘルツェゴビナを中心とする戦争がコソボのセルビア人地域に拡大し、最悪の事態を引き起こしかねないことになった。こうしたタイプの紛争が他の地域でも起こることが危惧される。そこでは、過去の領土や民族をめぐる紛争は、共産主義によって解決されることなく、「冷凍保存された」状態にとどまっていたのである。ユーゴスラヴィアの紛争がバルカン半島全体、さらにはトランシルヴァニアあるいは中欧の他の地域へと拡大することを恐れなければならないだろうか？　すでにバルト諸国の将来が不確かなものとなっているようだ。ポーランドとリトアニアの間に挟まれた、ロシアの飛び地のカリーニングラード（旧ケーニヒスベルク）が問題を抱えている。この状況は両大戦間期のダンツィヒの状況に似ている。あるいはこの飛び地はドイツとロシアの協調の下に、四番目のバルト国家を生み出す芽になるであろうか。同じ時期、他の戦争が起こるか、あるいは激化するかもしれない。その場所はモルドバ（トランスニストリア）、南コーカサス（アブハジア、南オセチア、ナゴルノ・カラバフ）、または中央アジアの深部（タジキスタン）などである。ロシアの政策手段として利用され、それらは今日の「凍結された紛争」（ときに活発化する）の原因となるものである。ヨーロッパ自体においても、三つの大きな問題が提起されている。再統一されたドイツの役割とは何か。EUとNATOとをどのように関連付けるか。ヨーロッパとアメリカは「負担」と責任をどのように分担するのか。結局のところ、

ＥＵと構成国は思い切ってパワーを追求することができるか否かということである。その答えは全くはっきりしないのである。

Ⅱ　汎ヨーロッパ連邦であっても、「ヨーロッパ＝強国」ではない

1　ＥＵの一部始終

一九八〇年代の中葉からソ連の崩壊は加速していたのであるが、冷戦の終わりとソ連ブロックの内側からの破裂は西側陣営の指導者たちを驚かすことになる。とりわけＥＣ諸国の国家元首や首相などの場合がそうであり、彼らは鉄のカーテンの西側でもっぱら巨大市場の形成に努めてきていたのであった。当初ミハイル・ゴルバチョフのペレストロイカは大掛かりの外交的駆け引きだと受け取られた。ブレジネフ（Brejnev）時代末期におけるソ連の政策の硬化、たとえばアフリカやラテンアメリカにおける「間接的影響力行使戦略」、ヨーロッパでのＳＳ－２０〔中距離ミサイル〕の展開、アフガニスタン侵略、西ヨーロッパの平和主義の操作を試みるなど、東西関係の緊張を極限まで高めることになった。ロナルド・レーガン（Ronald Reagan）による強硬なソ

連封じ込め、アメリカのNATO枠内でのユーロミサイルの展開、スターウォーズ計画〔戦略的防衛構想〕の開始などは、すでにソ連を疲弊させていた。これらに対する対策はモスクワから貴重な外貨を奪うことになり、一九八〇年代の石油カウンターショック〔訳注：世界的景気後退と石油の過剰生産により引き起こされた石油価格の急落〕もまた、ソ連の経済状況に対する重荷となっていた。ソ連システムの改革が可能であると考え、ミハイル・ゴルバチョフは新たにデタントを推進することにより、国内により多くのエネルギーと資源を投入する道を模索した。そうすれば世界の中でのソ連の地位の回復につながるかもしれない。しかし、ソ連内の諸民族の運動が引き起こす熱狂が急速に高まり、また共産主義の矛盾に対する失望が大きくなるにつれて、事態のコントロールはクレムリン〔ソ連指導部〕の手を離れていった。一九八〇年代初めから、ソ連はポーランドの反体制派の運動を抑えきれなくなった。一九八八年、ミハイル・ゴルバチョフはブレジネフ・ドクトリンの失効を宣言し、東ドイツを含むすべての衛星国国内の非合法の反対運動を後押しするようになった。一九八九年十一月九日、ベルリンの壁が崩壊し、ドイツ再統一への道が開かれることになった。ドミノ理論よろしく、共産主義体制は次々に倒れていった。

西ドイツ首相のヘルムート・コール（Helmut Kohl）は適切な瞬間（kairos）をとらえて、ドイツ再統一プランを発表する（一九八九年十一月二十八日）。ヨーロッパの同盟国同様に驚いたブッシュ父（Bush senior）政権は即座に反応し、ドイツナショナリズムの願望を支持する。それは一連の情勢の中に、一九四七年以来の封じ込め戦略を貫く目標の達成を見て取ったからである。それに反して、フランソワ・ミッテランとマーガレット・サッチャー（Margaret Thatcher）の態度には煮え切らないものがあった。というのも、彼らはパリ、ボン、ロンドンの間の「不均衡の均衡」が崩れることを恐れたからである。換言すれば、ヨーロッパ大国間の力関係が、ドイツの再統一と主権の完全回復によって覆されてしまうのではないかと心配したのである。実を言えば、「大ドイツ」復活の見通しを心配したのはフランス人とイギリス人だけではなかった。それゆえに、ヘルムート・コールとフランソワ・ミッテランとの間で、一種の追い抜き競争が始まったのである。コール首相はフランスの公式の承認を得ようとしたのに対して、ミッテラン大統領は統一ドイツがヨーロッパ統合の中にしっかりと組み入れられるようにしたかった。そのためにはヨーロッパ統合の強化が必要な手段となる。それは具体的には、「ドイツマルク・ナショナリズム」を再統一のために犠牲にするということである。かくして、経済通貨同盟（EMU）、すなわち単一通貨（将来のユーロ）の原則が採択されたのである。再統一の過程はEC構成国との間の交渉と重なる。東西両ドイツに加えて、ドイツ占領の四大国との間の「2＋4」条約の署名（一九九〇年九月十二日）に続いて、ドイツ再統一が間を置かずに実現する（一九九〇年十月三日）。

それと並行してEC十二か国は将来のマーストリヒト条約の案文の交渉を行う。マーストリヒト条約では、イギリスが適用除外を認められた経済通貨同盟に加えて、共通外交安全保障政策（CFSP）、ならびに、ある種のヨーロッパ市民権が創設されることになる。同条約は一九九二年二月七日に署名され、翌年中に批准されることになった。

EUとは、根本的には単一市場の上に政治・通貨面の「屋根」をかけることである。新たな「ドイツ問題」の解決に加えて条約の課題は、旧計画経済諸国（ex-PEC）をつなぎ留めておくことのできる西ヨーロッパの柱を構築することにある。これら諸国は自由民主主義と市場経済に向けて、不確かな第一歩を踏み出したばかりであった。当時中東欧諸国のバルカン化が心配されていた。すなわちヨーロッパ大陸の真ん中で混乱が引き起こされかねなかった。それゆえに、東への拡大準備のためにヨーロッパ統合を深化させようとしたのである。一時期、フランスは第三の道を探っている。一九八九年末、ミッテランはヨーロッパ国家連合案（Confédération Européenne）を提案する。これは旧計画経済諸国を二級の地位にとどめておこうとするものである。この計画が失敗したのは、ヨーロッパ問題からアメリカを排除しつつ、代わりにソ連を加えようとする不手際があったからである。当時参加対象とされていた国々にはまだソ連軍が駐留していたのである。ヨーロッパ国家連合案は総スカンを食い、日の目を見ることはなかった。ある意味で、この事件はアメリカに対して米独の絆を優先させることの必要性を納得させることになったようである。アメリカはボンに「リーダーシップを分かち合うパートナーシップ」を提案することになった。ＥＵのスウェーデン、フィンランド、オーストリアへの拡大後、中東欧諸国はＥＵの地政学的計画にとって避けて通れない問題になる。コペンハーゲン基準（一九九三年）に基づき、ＥＵは中東欧十か国に拡大される（二〇〇四年）。ブルガリアとルーマニアがそれに続く（二〇〇七年）。これに対して、「西バルカン諸国」はパートナー国の地位にとどまる。二〇一二年、クロアチアはＥＵ加盟を果たす。しかしこの国はスロヴェニアに倣って、自国をバルカン国家とは考えていない。かつてのミッテルオイローパ〔中欧〕の一国でアドリア海に面するクロアチアは、自国を中欧と規定している。この地域の他の国々への拡大はいまだ不確かである。それはウクライナでの戦争が激しくなり、ＥＵ・バルカン首脳会議（ブリュッセル、二〇二二年六月二十三日）が開催された後になっても同様である。同じ日、欧州政治共同体（ＥＰＣ）構想が明らかにされるが、それはＥＵへの加盟を待たせるための代替案のように見えたのである（一五一頁「欧州政治共同体の展望」参照）。

2　ヨーロッパにおける「中核グループ」の欠如

ＥＵ創設の最初から、ＥＵの統治形態の全体をどうするかが問題であった。統合の深化と将来における拡大は、政策決定を容易にするような制度設計を必要としていた。一九九四年、ドイツのキリスト教民主同盟（ＣＤＵ）の二人の議員が「中核国家」（Kernraum）構想を提案する。中核国家はＥＵの活発な心臓になることを意図されたものである。最初フランス政府は顧みようとはしなかったが、同構想は数年後に再度明らかにされ、次いでジャック・シラク大統領がこのアイディアに賛成して、「パイオニア・グループ」の名称で取り上げられることになった（ベルリンのフンボルト大学での講演、二〇〇〇年六月二十七日）。パイオニア・グループという名称を使うことで、あまりに野心的にすぎる「連邦」や「中核」といった、大国による指導体制（directoire）を想起させるような用語の使用を避けることが可能になった。ちょうどこの時期、〔ヨーロッパ〕憲法条約案が浮上した。それによると、ＥＵの将来の制度についての理論的考え方は、全体としてみれば、多かれ少なかれ再建された「仏独カップル」のビジョンに基づくものであった。それは「多極世界」においてグローバルな地政戦略的アクターとなることが想定される、将来の「ヨーロッパ＝強国」の制度的基盤をなすものである。ところが実際には、この素晴らしい知的構築物は、フランスのパートナー諸国には全く共有されない。ドイツ自身もためらいがちであり、強国のパワーという考え方はドイツ連邦共和国の政治文化に背くものである。また同時に、「ベルリン共和国」はいまや再統一前のジュニア・パートナーではない。そのうえ、ヨーロッパ憲法についての国民投票（二〇〇五年）に対するフランス選挙民の「ノン」は、EUに対するフランス人の曖昧さを明らかにしたものであろう。金融危機とギリシアの負債問題に際して、仏独のデュエットは確かに一定の有効性を証明して見せた。しかしEUの計画推進については、到底そうは言えない。パリ＝ベルリン間の緊密な協力も、エレア派ゼノンのパラドックス「足の早い動かないアキレス」に直面してしまう。端的に言って、「ヨーロッパ＝強国」構想には、その存在理由、形態と目的について合意がなかったのである。

強国を目指すあらゆる計画について考えるとき、考慮に入れるべき最重要な国はイギリスである。当時の首相トニー・ブレア（Tony Blair）の次の言葉が思い出される。ロンドンは「超大国」（Super-Etat）を望まないが、北米と結びついたヨーロッパの「強大化」の原則には賛成である（二〇〇〇年十月六日のワルシャワ演説）。そこにはヨーロッパ防衛の下絵が描かれ、最も楽観的な人びとは将来のヨーロッパの安全保障に、その形と内容を与えてくれるパリ・ロンドン・ボンからなる三角形について言及していた。その後の一連の出来事は、「建設的曖昧さ」を解消させ、英仏のサン・マロ合意（一九九八年）と「欧州安全保障防衛政策（ESDP）」（一九九九年）を可能とした。ドイツの指導者たちは伝統的仏独カップルに新たに加わろうとするシラク／ブレアの二人組に対して不信の目を向けた。しかしイギリスのブレグジット（Brexit）により、こうした英仏首脳のイニシアティブは全く後退してしまったようである。二〇一六年六月二十三日の国民投票が採択され、イギリスのEU離脱が決定したことで、英仏の連携軸に向けられた政治的、戦略的期待は霧散してしまった。英仏協力の軸が、仏独軸を補完することで、仏独だけの指導体制では権威主義的なものになることを警戒するEU構成国の賛同を得て、大陸で展開される政治にダイナミズムが与えられることが期待されたのである。しかしこれは政治・戦略的期待というべきか、それとも幻想にすぎないものであったのか？　フランスの「ヨーロッパ＝強国」のビジョンは、イギリスの政治的伝統や地政学的現実認識とはかけ離れている。[2]とはいえ、ヴィクトリア朝期の「栄光ある孤立」はもはや成り立たないし、そうした認識は世界の現実的な状況を反映するものではないことを認めよう。イギリスはヨーロッパ防衛を担う一員であり続けるであろうが、それはNATOの枠内においてであり、また二国間合意に基づくものであろう。EUの視点からすれば、「共通外交安全保障政策」（CFSP）にロンドンを参加させるための特別な方式について交渉しなければならないであろう。

最後に言えば、ヨーロッパ全体が抱える問題から目を背けてはならない。中欧諸国（ポーランド、ハンガリー）のいわゆる「非自由主義的」民主主義が、一般的な政治不信を覆い隠すべきではない。EUを構成する大部分の国の世論は、今以上の政治的統合を望んでいない。ヨーロッパ防衛に一定の支持があるとしても、それは一般的な議論として抽象的に述べられたときだけである。しかも、いくつかの国の指導者たちは、こうした世論調査の結果を過大評価することに警戒的であり、NATOの枠組みを優先している。その利点は歴史的に証明されているからである。ヨーロッパ安全保障の主要な保証人であるアメリカだけが、あらゆる軍事作戦に必要な費用と危険を引き受けることができる。ちなみにユーロ圏を考察してみても、最も積極的だと見なされる国々でも、真の銀行同盟への歩みは遅く、多くの留保やためらいが見られる。仮定上の欧州財務大臣に対して、反景気循環政策の実施や景気誘導のための手段を与えるために、かなり多額の公的予算を認めることの見通しは、いまだにはっきりしない。コロナウイルスの感染拡大（二〇二〇年）により引き起こされた危機に対応するためのEUの共通経済刺激策は、状況に変化をもたらすものであっただろうか？　安全保障や移民問題といった深刻な要因、さらには今日の不確定要素や種々の脅威などは多くの国々（二〇二二年のフランス、スウェーデン、イタリア）で「ナショナル・ポピュリスト」〔訳注：自国（民）優先を主張するポピュリスト〕の台頭を許している。政党間の連携の試みを通じて、これらのポピュリスト勢力は、国政に影響を与え、改革のリズムの加速化を抑えることができる。フランス大統領が発揮する意欲的態度にもかかわらず、EUはいまだ二つの政治形態の転換点である「キケロの時」〔訳注：古代ローマで共和国が衰えたのに、それに代わる政治体制が制度化されていない状況下で苦闘するキケロ〕を迎えてはいない。すなわち、EUは最も大胆な取り組みを促す連邦プロジェクトとは程遠く、主権に執着する諸国家で構成される広大な汎ヨーロッパ連合体にとどまっている。通商とその他の数少ない分野を例外として、ヨーロッパ「共通の意志」(Commonwill) は存在しない。そしてウクライナ戦争がこうした状況を大きく変えることになるか否か、いまだはっきりしない。

3　互いに競合する地政学的計画と見通し

現状を見れば、EUをグローバルな地政戦略的アクターと同列に置くことはできないであろう。そうなるためには、共通の世界観、一貫した政治プロジェクトが必要であり、ヨーロッパにとどまらず、世界的なレベルで全体政策を遂行するための「大戦略」を必要とする。実際のところ、野心的な連邦プロジェクトを遂行しようとする構成国があるだろうか？　その国家は必要な正統性を持ち、またその試みのために必要な手段を持っていなければならない。人口、経済力に照らしてヨーロッパ第一の強国であるドイツは、パートナーたちを政治的大構想の周りに結集させる意思も正統性も持っていない。フランスは一時期、自分をヨーロッパの「旗頭」であると考え、また政治的、外交的、軍事的に一定の比較優位の地位にあった。しかしそれだけではフランスに、何らかの覇権的リーダーシップを認めるわけにはいかない。というのも、ロシアに対するある種の盲目的態度が、なおさらフランスの国際的正統性を傷つけてしまったからである。イギリスはEUを離脱してしまった。実際のところ、ヨーロッパは今でも「不均衡の均衡」により管理されている。それは異なるレベル（大国と中小国）において、またさまざまな側面（政治的、外交的、戦略的、経済的、金融的）においてもみられることである。ところで、公共財理論によれば、必要な資源を動員する意欲と能力を持ったアクターが覇権を求めようとしない場合には、集団的目標は必ずしも集団的行動に結びつかない。カールスルーエのドイツ憲法裁判所の判決文において定義された意味での、「諸国家の連合」（一九九三年）では、いくつかの主要な権限ではあっても、戦略的には副次的なものに中心をおいた国家連合を生み出すにすぎないであろう。多くの点で、こうした連繫目標は望ましいものとはいえ、そのことがEUを政治的、軍事的パワーを完全に行使する存在に変身させることにはならないのである。

この点で、理解しておかなければならないことは、「設立されるヨーロッパ」がパワーの裏付けを備えたものとなろうとしても、アメリカのヨーロッパへの関与なしには、さらにヨーロッパ統合に対するワシントンの支持なしには、実現しえないであろうということである。第一次、第二次大戦を経るうちに、西欧の重心は次第にポトマック川〔ワシントンを流れる川〕の方向に「移動」してきた。アメリカの覇権主義的リーダーシップの下に、ユーロ・大西洋と西欧からなる「大空間」が形成された。ドイツ人法学者のカール・シュミットは単なる国民国家の枠を超えた秩序構造を「大空間」と名付けた。それは歴史、地理、政治体制を基礎づける原理や価値、共通の地政戦略的利益により結ばれた政治単位の全体のことである。あまりにもしばしば、天動説的、地球中心的先入観にとらわれすぎて（メッテルニヒ症候群）、「大空間」とはある種の超大国であり、確定した地続きの領土と一人の支配者の存在を想定しがちである。しかしユーロ・大西洋共同体の形成と、時間を超えた継続性の視点からすれば、それは決してそうしたものではないことが分かる。たとえ少数派の立場にあるとしても、フランスとNATO所属のヨーロッパ諸国は、このコンソーシアムの共同株主とでも呼ぶべきものである。もしアメリカが自ら担う重荷を下ろして、そのリーダーシップの行使を放棄することになれば――これはドナルド・トランプの政策が心配させた事態であるが――「大空間」は分裂し、西欧の覇権は終わりを告げることになろう。そして、ヨーロッパ大陸の分裂がその統一を上回ることが十分ありえる。それゆえに、「ヨーロッパ＝強国」を目指す曖昧な計画で、NATOを通じて表明される大西洋連帯に代えようとすることは危険ではなかろうか。ユーロ・大西洋決定機関は互いに強く結びついており、一方の孤立は他方に跳ね返ってくるであろう。

NATOとEUの間の歴史的、また誕生時の絆の重要性を忘れてはならない。とりわけ、それは「リスボンからウラジオストック」に至る広大なヨーロッパといったテーマにより伝えられる、競合する計画のようなものを考察しようとするときに言えることである。数年前から、ロシアが使う、この広大なヨーロッパというテーマは一時期フランスに輸入された。フランスでは、ウラル山脈は国境を定めるための境界線にはならないと理解されていたようである（その場合でもウラジオストックではなく、ドン川を引き合いに出すべきであっただろう！）。それゆえに、エマニュエル・マクロンは自らの責任でこの表現を使用した。「われわれは、リスボンからウラジオストックまで続くこのヨーロッパを信じている」（ブレガンソン、二〇一九年八月十九日）。とはいえ、マクロンが前に突き進もうとすると多くの疑問点が出てきたことに変わりはない。長期的考え方をよりどころにするとしても、地政学的現実を否定するわけにはいかない。ヨーロッパの上にのしかかる脅威、まさにそれゆえに、NATOとそのメンバー国をして、東の国境地帯の防衛と抑止力の現状を強化に向かわせることになったのである。この点については後ほど扱うことにする。当面、リスボンからウラジオストックまでの大ヨーロッパというフランス大統領の演説と、ロシアの大戦略が想定する地理的枠組みとでは大きな開きがあることを強調すべきである。二〇一六年には、ウラジーミル・プーチン（Vladimir Poutine）は、「アジアとヨーロッパのすべての国家に開かれた大ユーラシア・パートナーシップ」計画に言及した（サンクトペテルブルク、二〇一六年六月十七日）。それはユーラシア連合、EU、上海協力機構（SCO）、東南アジア諸国連合（ASEAN）を結びつけるものである。その翌年、著名な大学人であるセルゲイ・カラガノフ（Sergueï Karaganov）は、「大変有望な根本的変化が人びとの思考に生じた」と書いた。彼の説明によれば、多くのロシア人にとって、彼らの国はもはや「単なるヨーロッパの一地方ではなく、未来を見つめる大西洋と太平洋とをつなぐ権力の中心であり[3]」、リスボンから東京、そして上海に至るものである。不動の外相であり、自身をアンドレイ・グロムイコ（Andreï Gromyko）に擬《なぞら》えるセルゲイ・ラブロフ（Sergueï Lavrov）外相は最近になって次のように述べた。「われわれの疑問の余地なき課題は、依然として大ユーラシア・パートナーシップの構築である。それは大西洋から太平洋に至る統合された空間である。そこに含まれるのは、ユーラシア経済連合（EEU）、上海協力機構、ASEAN、そしてユーラシア大陸の他の諸国家であり、そこにはEUの構成国も含まれる」。こうした空間全体は、「リスボンからジャカルタに至る、巨大な広がりの安全と安定のための強固な基盤[4]」を築くことを目指している。要するに、中露の大ユーラシアは、中国の現代版シルクロード（一帯一路）という名の大計画と合致するものである。その中で、ヨーロッパは、ポール・ヴァレリーの言う「アジア大陸の小さな岬」の地位に貶められてしまっている。これらすべてのことは、フランスが常に推進してきた、EUの基礎をなす計画とはまったく異質なものであった。ロシアのウクライナに対する攻撃（二〇二二年）とその結果は、エマニュエル・マクロンの漠然とした言葉を間違いなく吹き飛ばしてしまった。

Ⅲ　防衛共同体としてのヨーロッパとヨーロッパの防衛とは違う

1　NATO優位とその継続的「変化」

ヨーロッパ防衛に関するすぐれて地政学的問題は、先に述べたように、EUはグローバルな地政戦略的アクターではないという事実である。大多数のヨーロッパ国家はNATOの枠内で自らの防衛を組織しており、この同盟は西欧に対して政治的、軍事的枠組みを提供している。ここでいう西欧とは、ユーロ・大西洋地域を中心とした自由民主主義や市場経済から成り立つ世界の全体である。冷戦の終わりに同盟国は四十年にわたる東西対立の体験から生まれた枠組みを永続化させることで合意した。一九九〇年七月五日―六日のロンドンでの大西洋同盟首脳会議において、首脳たちはこの同盟の「改革」を決定した。そしてその後の十年間、「変換」の語がそれに代わった。そこでNATOは三倍、さらには四倍の規模への拡大に着手する。その過程はまず協力関係の東側への拡大を皮切りにして、平和のためのパートナーシップが旧ワルシャワ条約諸国にも開放される（一九九四年）。次いで南側へは地中海対話が類似の目的をもって始まった。すぐに平和のためのパートナーシップは地理的拡大につながる構造を持つことが明らかになった。すなわち、大多数の中東欧諸国がNATOへの加盟を希望して、NATOは二〇一九年には二十九か国を数えることになる。一九九〇年代と二〇〇〇年代、NATOは役割を拡大する。集団防衛（第五条を参照）に「危機管理」（Crisis management）が加えられた。すなわち非五条任務である。それはもともとバルカン半島（旧ユーゴスラヴィア）における新しい戦争の展開に対応するためのものであった。しかしEUは弱体であり紛争を終結させる能力がないことが明らかになる。二〇〇一年九月十一日のテロ事件と米軍のアフガニスタン介入（二〇〇一年十月七日）後、NATOはカブールとその周辺地域の安全確保のために使われる。次いで、NATOはタリバンやアルカイダに対する作戦に巻き込まれていく。そして作戦領域の拡大の結果、「世界に拡大したNATO」になる。すなわち、「グローバル・パートナーシップ」がオーストラリアと日本、そしてアフガニスタン紛争に加わったその他の国々との間に結ばれた〔訳注：アフガン紛争時に組織された国際治安支援部隊（ＩＳＡＦ）に対し、日本はＮＡＴＯを通じて人道支援活動のために財政支援を行なった〕。

ＮＡＴＯのグローバル化を狙うアメリカの意志は、ユーロ・大西洋地域に中心を置くＮＡＴＯの役割と矛盾するため、緊張を生み出さざるを得なかった。確かに、「一にして自由のヨーロッパ」は、ＮＡＴＯとＥＵという相互補完的な二本の柱の上に乗っている。さらに、これらユーロ・大西洋組織の拡大は互いに協調して行われてきた。もともと、こうした動きは、最初からロシアの力の台頭とバランスを取るためというよりも、大西洋同盟の基盤である集団安全保障の諸原則と平和を促進するためであった。ドナルド・ラムズフェルド（Donald Rumsfeld）が使った表現を借りれば、「古いヨーロッパ」（ＥＵの創設国）と「新しいヨーロッパ」（中東欧諸国）とはもともと危険と脅威について同一のビジョンを持っていないが、大部分のヨーロッパの同盟国は「ＮＡＴＯのグローバル化」には懐疑的である。彼らは自国の重要度が低下し、安全保障に対する彼らの関心が軽視されているのではないかと心配した。そのため、彼らはＮＡＴＯの地理的範囲をしっかり限定し、その本来の役割として、ヨーロッパと大西洋地域の集団防衛に再結集して当たるべきであると考えたのである。「五日間戦争」とロシアのグルジア〔二〇一五年からジョージアと呼ぶ〕侵略（二〇〇八年八月）もヨーロッパ諸国の不安を強め、集団防衛強化の方向に向かわせるものとなった。それに加えて、オバマ政権の意志は明らかにアジア・太平洋優先である（バラク・オバマ（Barack Obama）は最初の「太平洋大統領」となることを望んでいる）。このこともヨーロッパ諸国を心配させるものであった。二〇一〇年、リスボンで開催されたＮＡＴＯ首脳会合で新しい戦略概念が採択され、それが転換点となる。第五条と構成メンバーによる集団防衛政策の優位が強調された。またヨーロッパの東の国境地帯に対するロシアの脅威についても従来より重視されるようになり、「域外」への介入は排除されなくなる。リビアへの介入がその一例である（二〇一一年、三月―十月のユニファイド・プロテクター作戦〔訳注：国連の安全保障理事会決議に基づき、ＮＡＴＯがリビアに対して実施した武器禁輸措置〕）。ともかく、こうした力の行使は、法的根拠がしっかりしていること、あるいは他の国際機関の介入が期待できない場合に許されるとされる。一般的に言えば、有志連合の原則の方が好ましいと言える。

実際、シリア・イラクでのイスラーム国〔ＩＳ〕に対抗する介入は、有志連合の形で行われ、それは「生来の決意作戦、二〇一四年」（Operation Inherent Resolve）〔訳注：アメリカ中心の多国籍軍によるイラクやシリアのＩＳに対する作戦〕へと導かれる。その後の、ドナルド・トランプのアメリカ大統領への就任と、彼のＮＡＴＯは「時代遅れである」との発言（二〇一六年）は、大西洋をまたぐ連帯を試練にさらすことになった。これに加えて、貿易紛争は自由貿易の恩恵を再検討させるものとなる。そもそも自由貿易体制はGATT（一九四七年）設立以来の同盟国間の経済関係の基盤をなすものであったことを忘れてはならない。トランプ大統領によるこうした策略の全般的目的は、真に孤立主義的なものであり、また保護主義的なものであろうか？ それとも国家安全保障戦略（二〇一七年）（National Security Strategy）が狙いを定める、「修正主義勢力」〔訳注：冷戦後の世界秩序に挑戦するロシア、中国、イランなど〕に立ち向かうための費用分担を、同盟国に強硬に押し付けようとするためのものであったであろうか？ 別の言い方をすれば、「アメリカ第一」（America First）〔訳注：第二次大戦時にアメリカの参戦に反対した委員会に起源を有するグループ〕のチャールズ・リンドバーグ（Charles Lindbergh）や、「西洋の防衛」のサミュエル・ハンチントン（Samuel Huntington）のような人物が優位を占める問題であろうか？ トランプ政権内部の意見が割れていても、議会とアメリカの政治・軍事エスタブリッシュメントは、ヨーロッパへのコミットメントを続けることでまとまっていた。ロシアのウクライナ攻撃（二〇一四年）〔注記：ロシアによるクリミア併合に端を発するウクライナ戦争〕後、アメリカはバルト海から黒海に至る地域への軍事的コミットメントを強化した。その後、アメリカの兵士と軍備は、バルト諸国、ポーランド、ルーマニアに展開されることになる。[5] 二〇二〇年に選出されたアメリカのジョー・バイデン（Joe Biden）大統領は、ウクライナに対するロシアの脅威と、作戦行動開始（二〇二一年）

に対抗して、軍事的約束をさらに拡大させた。他方、シリアにおけるトルコの戦略と、トルコ軍によるシリア民主軍（ＦＤＳ）のクルド人勢力との戦いがある〔訳注：ＦＤＳはシリアの反体制派軍であり、クルド人勢力を主体とする。シリア北部でＩＳ掃討作戦を行い、アメリカを中心とする多国籍軍から支援を受ける〕。ＦＤＳはＩＳと敵対することで西欧諸国の補完勢力をなす。これはまた別の地政学的問題である。ヨーロッパ同盟国と仲違いしたトルコのレジェップ・Ｔ・エルドアン（Recep T. Erdogan）はまずウラジーミル・プーチン（二〇一六年）と、次いでドナルド・トランプ（二〇一九年）と、〔クルド人に対する〕軍事的介入について交渉した。しかし、ＮＡＴＯ内部においてはいかなる協議も行われなかった。二〇一九年十月のトルコの対クルド攻撃「平和の泉作戦」（Sources de paix）は同盟国内に重大な外交的危機を引き起こした。エマニュエル・マクロンは「ＮＡＴＯの脳死」について言及した（二〇一九年十一月七日）が、こうした発言を追認しようとする国家首脳は現れなかった。緊張や不和にもかかわらず、ロンドンの首脳会議（二〇一九年十二月三―四日）の際、同盟国は彼らの政治的、戦略的一致を再確認した。首脳会議の一般宣言では、中国の力の台頭と北京政府の野心を重視すると述べている。アンカラ政府（トルコ）のリビアへの介入と、リビアに対するトルコとロシアによる共同統治体制の設立は、ＮＡＴＯ内に別の問題を引き起こす（二〇二〇年）が、ウクライナ戦争を背景にして、統一と団結がマドリード首脳会合では優位を占めた。NATO同盟諸国はフィンランドとスウェーデンの同時加盟さえ認めることになった（二〇二二年六月二十八―三十日）。

2　NATOの陰に隠れた防衛体制としてのヨーロッパ

NATOとEUの間には連通管があると考えるのは間違いかもしれない。ヨーロッパの防衛体制に自動的に役立つような大西洋防衛があるか否かは再検討に値する。確かに、EUにはヨーロッパの防衛政策があり、それはすでにマーストリヒト条約の中で、共通外交安全保障政策（CFSP）〔訳注：マーストリヒト条約の第二の柱として、政府間協力の枠組みの中で実施〕の自然の延長線上にあるものとして、その概略が示されていた。次いで西欧同盟の枠中で、ヨーロッパ諸国は、共通の目標を規定する宣言を発することで意見の一致をみた。同宣言はペータースベルク[6]で採択されるが、その内容は、人道的・在外自国民救出任務、平和維持任務、危機管理のための戦闘部隊任務、平和再建任務などである。フランスとイギリスは、調印時からペータースベルク任務について対立している。フランス人はヨーロッパ防衛を推進したくて、最も厳しい任務（ハイレベル任務）（le haut Petersberg）〔訳注：危機管理のための戦闘部隊任務、平和再建任務など〕を主張する。反対に、イギリス人はNATOの優位を維持しようとして、できるだけ穏やかな任務「ローレベル任務」(le bas Petersberg)〔訳注:人道的・在外自国民の救援任務、平和維持任務など〕を強く主張した。こうした行き詰まりを打開するために、サン・マロでの英仏の合意が必要とされた(一九九八年十二月四日)。二つの首都は「信頼性の高い軍事力に裏打ちされた、自律的行動能力を備える必要があること。その軍事力は、国際的危機に際してその手段を備え、それを使用する準備ができていなければならない」とする点で合意した。また「EU構成国は、NATO内におけるそれぞれの義務に従って行動する」と明記された。そして構成国は集団防衛の基盤をなす、改革された大西洋同盟の活性化に貢献するであろう。かくして、EUの共通外交安全保障政策(CFSP)の武装部門と見なされる欧州安全保障防衛政策(ESDP)を立ち上げる道が開かれることになった。

こうした合意を達成するためには、ヨーロッパの主要な軍事大国であるフランスとイギリスの二国は「建設的な曖昧さ」〔訳注:デリケートな問題に関して曖昧な言葉を意図的に使用すること〕に頼らざるを得なかった。もしイギリスがESDPへの道にコミットするとしたら、それはNATO枠内にヨーロッパの柱を立てることに努めるという意味であった。イギリスの狙いは、これまで以上にヨーロッパ諸国間の協力関係の強化を可能にすることで、ヨーロッパの軍事力を守り、それを「てこ」にしてアメリカを説得し、ヨーロッパに対するコミットメントを、NATOを通じて続けさせようとするためであった。イギリスが心配したことは、ヨーロッパの防衛予算削減に刺激されて、アメリカが孤立主義的欲求にかられるようになることであった。別の言い方をすれば、ＥＳＤＰはヨーロッパが軍事的能力を保持することを想定している。それに対して、フランスが狙っているのはＥＳＤＰにより北大西洋の両岸での権力と責任の不均衡を正し、真のヨーロッパ防衛への第一歩としたかったのである。英仏海峡の両岸で英仏両国はそれぞれ独自の目標を追求していたのである。イギリスは、ＮＡＴＯやアメリカとの「特別の関係」を使って、ヨーロッパ内で強国としての地位を維持したかった。それに対して、フランスは将来のヨーロッパ防衛の指揮権を握ることで自分の国際的地位を高め、またアメリカとの二国間関係の現状について再交渉の機会を得るようにしたかった。いずれにせよ、サン・マロでの妥協により、ＥＵ内での真の前進が可能となった。ヘルシンキの欧州首脳会議（一九九九年十二月十―十一日）では、「自立した決定能力」を発展させることを決定した。それはＮＡＴＯ自体がコミットしないときには、ＥＵの指揮権の下で軍事作戦を開始し、遂行する能力である。目標はペータースベルクの定める任務を果たすことができること、そうした目的のために、政治・軍事的制度が設立されることになろう。ＥＵ諸国の首脳たちは、大胆にも「ヘルシンキ・ヘッドライン・ゴール」で合意した。その内容は二〇〇三年までに六万人のヨーロッパ軍を六十日以内に展開させる能力を持ち、一年間一つの戦闘場面を維持できることである（この目標は決して達成されることなく、次第に「忘れられていった」）。

確かに、ＥＳＤＰの開始当初は素晴らしいものだった。ヘルシンキ首脳会議で決定されたように、ＥＵの政治・軍事制度はその後ＥＵの制度的全体の中に統合されていく（ニース条約、二〇〇一年二月二十六日）。欧州理事会（ＥＵ構成国の元首ならびに政府首班からなる）と総務理事会（外相と国防相からなる）の指揮の下、政治・軍事制度は政治・安全保障委員会（ＰＳＣ）、ＥＵ軍事委員会（ＥＵＭＣ）、ＥＵ参謀部（ＥＵＭＳ）などから構成される。しかしながら、交渉は作戦・戦略参謀部の問題、いわゆるヨーロッパ防衛の「失われた環」の問題ではつまずいてしまう。作戦そのものを実行するためにはＥＵはＮＡＴＯの「手段と能力」（ベルリン合意を見よ、一九九六年）、ないしは中心国からなる多国籍参謀部の提供する軍事力を使わざるを得ない。イギリスが、上記合意に多少手を加えたもの（ベルリン・プラス、二〇〇三年）を強く主張すると、フランスはヨーロッパ版「欧州連合軍最高司令部」（ＳＨＡＰＥ）（ＮＡＴＯの大作戦司令部に範を取ったもの）を設立しようとする。イラク危機とそれに続く戦争（二〇〇三年）は、サン・マロ合意の「建設的曖昧さ」を吹き飛ばしてしまう。フランスとイギリスは公然と敵対するようになる。フランス、ドイツ、ベルギー、ルクセンブルクはヨーロッパ参謀部の創設を明らかにする（ブリュッセル首脳会議、二〇〇三年四月二十九日）。しかしアメリカやイギリスとの交渉は失敗に終わる。その後、ヨーロッパの軍事作戦が実行に移されるが、その内のいくつかの作戦の重要性は無視できないものである（例えば、アタランタ作戦）〔訳注：二〇〇八年以来、EU主導のもと、ソマリア沖の海賊対策のために実施されている、ソマリア欧州連合海軍部隊による軍事作戦〕。これら作戦の地理的特徴はヨーロッパ人の地政戦略的関心を示している。それらは多くの場合、本格的軍事作戦ではなく民事任務である。リスボン条約で欧州安全保障防衛政策（ESDP）は共通安全保障防衛政策（CSDP）となるが、依然としてNATOの陰に隠れた存在であった。

3　ありそうもない「ヨーロッパ軍」

リスボン条約に続く十年の間に、イギリスが真のヨーロッパ防衛構想に最終的には賛同してくれることになるとのフランスの期待は裏切られ、現状維持が勝利を収めた。イギリスのEU離脱が国民投票で決まり、また実際に離脱が行われたにもかかわらず、フランスの構想がいつかは勝利を収めることになると考えるとしたら、それは早とちりにすぎよう。ヨーロッパの域外国境に対する脅威、EU崩壊の亡霊、さらにはドナルド・トランプによる西側同盟に対する誹謗中傷などは、EU諸国政府とEU委員会をCSDP強化に駆り立てることになった[7]。ブラスチラバ首脳会議（二〇一六年九月十六―十七日）を前にして、さまざまなイニシアティブが取られた。例えばEU委員長の特別顧問のミシェル・バルニエ（Michel Barnier）による、「安全保障と防衛のヨーロッパ連合」文書、ジャン＝クロード・ユンケル（Jean-Claude Juncker）〔EU委員長〕の防衛と安全保障の問題点に向けられた作業プログラム（二〇一六年九月十四日、ブリュッセル）などが提出される。こうした試みの最中に、逆風に立ち向かうために「仏独カップル」が再建されたようである。二〇一六年九月十二日、両国の防衛大臣のジャン＝イヴ・ルドリアン（Jean-Yves Le Drian）とウルズラ・フォン・デア・ライエン（Ursula von der Leyen）はPSC（恒常的構造化協力）のメカニズムを始動させる提案をする。それは防衛分野でのコミットメントを前に進めることを決意した前衛国家群を制度化することを目指している。数日後、ブラスチラバのEU首脳会議（二〇一六年九月十六日）は、二〇一七年十二月十一日までにPSCを設立するという日程表に行き着いた。それまでの間、エマニュエル・マクロンのフランス大統領選出により、ヨーロッパ計画に新しいエネルギーがもたらされた（二〇一七年九月二十六日のソルボンヌ大学講演）。実際、エマニュエル・マクロンの示した意欲は、以後外務大臣のジャン＝イヴ・ルドリアンのそれまでの行動を後押しするものとなった。

しかしながら、意欲とその実現とは別物である。フランスとドイツという限定された二国からなる「中核グループ」という、フランスの発想とは全く別のものが生まれた。二〇一七年十二月十一日に成立したPSCは広範で「包括的」協力に対応するものである。実際、イギリスを除く二十七のEU構成国のうち二十五か国が参加した。[8] 条約署名国のうち、ポーランド政府は強化された協力というタイプには反対であるとの評判であった。そのため、自国が二流国と見なされることを拒否することで、ポーランドは天秤をPSCに好意的な方向に傾けることになるだろう。全体としてみれば、拡大協力というドイツのビジョンは、フランスの掲げるビジョンに対して勝利を収めたと言えよう。フランスは実際に戦力展開能力を持ち、戦闘任務を含むハイレベルの作戦に参加する用意のある少数の国家間の協力を主張したのである。結局のところ、PSCの最初の概念から何が残っているのだろうか？　共同の兵器開発プログラムに関わる三十ほどの「約束」、ならびにヨーロッパの軍備能力で欠けている部分を埋めるための生産努力である。とりわけ、ドローン計画、新戦闘機、「未来の戦車」開発計画などであり、これらは仏独の協力を基礎に行われるものである。軍事予算の増額についても指摘されたが、これはNATOの枠内でなされた約束に基づくものである。それゆえに、PSCをヨーロッパ防衛の出現と見なすことは誤りである。とりわけフランス大統領が触れた「ヨーロッパ軍」などでは決してない。実のところ、これは「軍事能力を備えたヨーロッパ」であり、その目的は現在の惨憺たる状況を緩和することにある。これはヨーロッパの防衛体制についてのイギリスモデルとあまり違わないものである。

これらすべては不十分であると同時に大きすぎることでもある。幸いなことに、過去二十年にわたり「平和の配当」を受けて縮小されてきた軍事能力を再建するという目標の周りに、ヨーロッパ諸国が結集している。確かに、ベルリンがパリを失望させたという問題は残っている。これは単なる誤解に基づくものであろうか？　そうではあるまい。両国では、パワーのモデル、戦略文化、地政学的表現などが異なっている。フランスは世界大の野心を持ち続けて、速やかに軍事力を使用する用意があり、政治システム上、執行権の行動の自由度は高い。ドイツの場合には、安全保障上の争点をヨーロッパ大陸に限定する地政経済的ビジョンを持つことで満足している。また、歴史の重みと、その帰結としての基本法〔憲法〕は、ドイツの軍事介入に対して議会の厳しいコントロールを課している。そのうえ、フランスの権力体制の低下ならびにドイツとの均衡の喪失ゆえに、仏独カップル体制の推進力の回復は難しくなっている。それに加えて、両国の選挙の時期のずれが協力計画に与える影響も軽視できない。そこでその代替措置として、フランスは「欧州介入イニシアティブ」（ＩＥＩ）を発表した〔訳注：ＥＵのＰＳＣを補完するものとして、構成国の十三か国が参加。二〇一七年九月のマクロン仏大統領提唱の防衛分野における「ヨーロッパのためのイニシアティブ」（Initiative pour l'Europe）具体化の第一歩〕。二〇一八年六月二十五日に開始された

IEIはヨーロッパ共通の戦略文化の出現を目指している。またIEIはあらゆる種類の危機に対して、将来は共同して調整および準備を行うための前提条件を準備することを狙っている。フランスのもう一つのイニシアティブは特殊部隊の連合体であるタクバ（Takuba）のサヘル〔サハラ以南〕地域への展開（二〇二〇年）である。このイニシアティブは重要であるが、ヨーロッパ防衛とはいえない。とりわけ、フランスのマリからの撤退により、タクバ部隊の活動に終止符が打たれた（二〇二二年）からである。とりわけ仏独関係は、軍事分野においては限界を露呈している。危険と脅威に直面して、少なくとも危険覚悟でイギリスを除外してしまうことなど考えられるであろうか？　最後に指摘すれば、コロナウイルスの流行とその経済への波及は、ヨーロッパの軍事予算に悪影響を及ぼした。二〇二〇年七月に交渉されたヨーロッパ振興計画は、欧州防衛基金（EDF）[9]のために当初予定されていた金額を、半分に減らすことになってしまった。ヨーロッパは、「欧州平和ファシリティ」〔訳注：二〇二一年三月の欧州理事会の決定に基づき、紛争予防や平和定着のための能力向上を目的にしたEUの予算外基金のこと〕を通じて、ウクライナに対する軍事援助のための資金提供を行うことを決めた。こうした政策選択を支持することで、軍産レベルでの協力の分野を拡大できるかもしれない（軍事支出の相互扶助化、欧州防衛市場の創設など）。二〇二二年三月二十一日のEUの対外行動の指針と見なされる戦略文書である「戦略羅針盤」（boussole stratégique）の採択は、ヨーロッパ防衛の方向への発展の機会を担うことになるかもしれない。しかし「軍事能力を備えたヨーロッパ」はいまだ具体的な形をなしていない。多くのヨーロッパ諸国は、兵器や装備品の買い入れを大西洋のかなたの大きな市場で行うことの方を望んでいる。それはＮＡＴＯの枠内でアメリカがもたらす安全の保障と並行して進むからである。

第二章原注

（1）T. Corn, «L'âge des directoires et l'avenir de la France», *Le Débat*, n° 181, 2014/4.

（2）ウィンストン・チャーチルの「大陸ヨーロッパを超えて大西洋から英連邦諸国にまで広がる世界とのつながりを持つ大英帝国」とＥＵ離脱派の「グローバル・ブリテン」の主張を比較せよ。

（3）S.Karaganov, "2016 — A Victory of Conservative Realism", *Russia in Global Affairs*, 13 février 2017.

（4）S.Lavrov, "World at a Crossroads and a System of International Relations for the Future", *Russia in Global Affairs*, 20 septembre 2019.

（5）二〇二〇年七月二十九日に公式のものとされたドナルド・トランプの決定。ドイツから約一万二〇〇〇人の兵士を引き上げ、彼らの半分を米国に帰国させるというもの。とはいえ、この決定は悪い前兆となった。

（6）ボン近郊のペータースベルク館はドイツ連邦共和国の公式の迎賓館。また政府関係者の宿舎や会議場としても使われる。

（7）二〇一七年六月七日の「欧州防衛基金」の設立は、ＥＵ委員会が行なった約束の具体化であった。

（8）デンマークは外部にとどまり、参加しない。防衛体制としてのＣＦＳＰとその延長線上のものへの参加も免除される。「非同盟国」とされるマルタも同様である。その他の「非同盟国」であるアイルランドはＰＳＣに加わった。二〇二二年、デンマークは共通安全保障防衛政策（ＣＳＤＰ）への参加免除を返上した。

（9）二〇一七年、パリとベルリンの支持を得て、ＥＵ委員会は欧州防衛基金（ＥＤＦ）の設立を提案した。その目的はヨーロッパにおける防衛の工業的、技術的基盤を強化することにある。二〇二一―二〇二七年の期間の予算は七〇億ユーロが見込まれる。

第三章　挑戦、脅威、応答——パワーのさまざまな尺度

ヨーロッパ防衛というテーマは新しいものではない。しかしイギリスのＥＵ離脱の是非を問う国民投票（二〇一六年六月二十三日）とドナルド・トランプの大統領選勝利（二〇一六年十一月八日）が引き起こしたさまざまな疑念は、ＮＡＴＯの将来との関連で、ヨーロッパ防衛のテーマを新たに活性化させた。それゆえに、とりわけヨーロッパは客観的に見て、さまざまな脅威の交錯する地点に位置していることを十分に認識する必要がある。この点で、ソ連のウクライナに対する「特別軍事作戦」は、即座に真の戦争に拡大したのであるが、一部のヨーロッパ人の目を覚まさせることになったであろう。挑戦、脅威、ウクライナと欧州大陸における全面戦争の可能性などは、異なる枠組みの視点から見た現状に適合した応答を求めている。

Ⅰ　ヨーロッパにのしかかる脅威

1　地中海の南と東に延びる危機のアーチ

ある人びとは脅威の分析を、スンニ派によるジハード主義の発露であると定義される、イスラームのテロに限定しようとするかもしれない。実のところ、シリアとイラクにまたがる地域でのカリフ制度の再建プロジェクトが失敗したとしても、「イスラーム国」〔ＩＳ〕の完全かつ決定的な根絶を意味することにはならない。たとえアメリカと西欧連合軍、ならびに現地同盟軍（アラブ・クルド軍）によるモスール（二〇一七年七月）とラッカ（二〇一七年十月）の回復がなされても、さまざまな相貌をしたグローバルなジハード主義の新たな展開（「ＩＳ」とアルカイダとその亜流）を止めることはできないであろう。例えば、ＡＱＰＡ（アラビア半島のアルカイダ）の一例を見ただけでもそれは言える。ＡＱＰＡはウサマ・ビン・ラディンが創設したイスラーム・テロリスト組織のイエメン支部であり、攻撃的な性格で知られている。そしてイエメンはグローバルなジハード主義との戦いの最前線に位置している。他の闘争場面と同様に、アフガニスタンにおいてもスンニ派のジハード主義が猛威を振るっている。一般的に言って、拡大中東地域（北アフリカからアジア内陸部にかけての広大な地域）はジハード運動に新たな機会を提供している。その背景にはイスラームの深刻な危機[1]がある。そして諸民族のおかれた歴史的行き詰まりがシーア派のジハード主義とスンニ派のジハード主義との間の激しい論争を生み出しているのである。こうした混乱したダイナミズムが、周知のように、サハラ以南地域を越えてブラック・アフリカまで広がっている。IS首領のアブー・バクル・アル＝バグダーディー（Abou Bakr al-Baghdadi）は彼のいくつかの「首都」を失った後に、彼の支持者たちに対して（イラク、レバント地方、シナイ半島、ホラーサン、西アフリカ、リビア、中央アフリカ）などの「イスラーム帝国」（califat）の地への合流を呼びかけた。「大サハラ」と北アフリカに加えて、さまざまな集団ないしはイスラーム私兵たちがナイジェリア、チャド、コンゴ民主共和国などで猛威をふるい、「イスラーム国」を名乗っている。そののちアブー・バクル・アル＝バグダーディーは死亡する（二〇一九年十月二十七日）が、彼の立ち上げた組織はアフリカの紛争地に移植された。

危険はテロに限定されない。国家間の大戦争の可能性も排除されない。シーア派イランの「シリア地峡」――アラブ・ペルシア湾から東地中海、そしてその先のイエメンまで――を貫く拡張主義ゆえに中東全体が激しい爆発の脅威の下にある。すでにシリア・イラクを舞台とした二重の対立がある（シーア派対スンニ派、ペルシア人対アラブ人）。イランの野心が脅威を与えるのはイスラエル国家にとどまらない。スンニ派アラブ諸国はシーア派イランの圧力下にあるが、イラン自身もアメリカの徹底した制裁の下にある。もしこうした党派間の冷戦が、例えばホルムズ海峡で現実の戦争になれば、その影響は「最大規模の地中海」（イヴ・ラコスト）、さらには北アフリカとわれらが海の西岸にまで及ぶことは疑いない。そうなれば、ヨーロッパは最初にそうした対立の直接的・間接的影響を免れない。まさに拡大中東地域はヨーロッパの隣人であるからである。

さらに加えて、イランによるロシアのウクライナ戦争への協力（ドローンとミサイルの供与）がある。フランスはスンニ派アラブ諸国に肩入れしているので、アラブ・ペルシア湾地域での紛争から超然としてはいられないであろう。同時にフランスの中東政策は米英との密接な連携の上に成り立っているので、余計この「危機の弧」から逃れることはできないであろう。リビアでの内戦の新たな展開、アルジェリアとモロッコの間の極度の緊張、スーダンの不安定化など、これらの現象の余波はヨーロッパに及ぶであろう。こうした諸問題は、まだ軍事的なものではないが、警戒が必要である。たとえスーダンのケースはヨーロッパの関心事から遠いように見えても、紅海周辺の状況はヨーロッパとアジアとの往来（スエズ運河航路）にとって決定的に重要である。他方、スーダンはイエメン政府〔訳注：シーア派イランの支援を受ける反政府グループと戦っている〕の支援にコミットする〔スンニ派〕アラブ諸国の同盟に参加している。最後に、ロシアはスーダンのご機嫌を取ろうとしている。ロシアは紅海、さらにはアフリカへの航海を実現したいからである（リビアに加えて、スーダン、中央アフリカ、アンゴラ枢軸へのロシアの外交的展開を見よ）。

こうした一般的アプローチにおいて、政治的意味で「友好国」である二つの国を重視する必要がある。トルコとエジプトである。トルコはNATOメンバーであり、EUの連合協定国〔訳注：一九九六年には関税協定を結ぶ〕である。エジプトはこの地域での西欧の「戦略的パートナーシップ」国と見なされている。中東の北側側面に接するトルコは不安定期に入った。確かに、トルコの「ネオ・オスマン」と呼ばれる政策はシリアやこの地域全体で失敗した。レジェップ・T・エルドアンのイスラーム・ナショナリズムは、クルド問題（すなわち、トルコの領土保全の問題）に集中しているように見える。トルコの、米ソのいずれにも与しない戦術的ゲームの駆け引きや、ロシアのS－400〔訳注：ロシアで開発された、超長距離地対空ミサイル・システム〕をめぐるトルコとアメリカの間の「力くらべ」などは、西欧の諸同盟を弱体化させている。それに加えて、北シリアやリビアへのトルコの介入に関するアメリカとの意見の相違がある。またギリシアやキプロスの海域を犠牲にするような、東地中海のエネルギー資源に関するトルコの見解もある。経済的、政治的にもトルコの内政状況は不安視される。経済は危機的状況にあるが、政権党である公正発展党(2)（AKP）の指導者たちは内政上の敗北の可能性をなかなか受け入れようとしない（二〇一九年のイスタンブールとアンカラ市議会選挙での敗北を見よ）。もしトルコが崩壊したり、中国・ロシアの「大ユーラシア」の方に引き寄せられたりしたら、ヨーロッパの安全保障への影響はいかばかりであろうか。いずれにしても、「ネオ・オスマン」という地政学的表象を軽視してはならない。

エジプトは、北アフリカ、中東、ナイル川流域地帯の交差点に位置していて、とりわけシナイ半島の砂漠でジハード主義やテロリズムと闘わなければならない。リビアでは、エジプトはトルコの影響力と対峙している。スーダンあるいは黒海沿岸での諸事件が、〔エジプト大統領の〕エル＝シーシ元帥の権力に与える影響を排除してしまうことはできないであろう。最後に、エジプトの保護下にあるスエズ運河の地政戦略的性格を強調する必要はあるまい。かつてのインドへの道は、今日においても、ヨーロッパとアジアをつなぐ、主要な連絡路である。

2　ロシア－ユーラシア――東欧における大きな国家的脅威の再編

「最大規模の地中海」地域における、政治的、軍事的状況の悪化に加えて、東欧における国家的脅威の再編、すなわち、「ロシア－ユーラシア」の脅威の問題がある。その究極的な目標を憶測させ、また予防線を張ることを目的としたにすぎないとしても、ロシアの地政学的計画と、それに刺激されて生まれた「大戦略」は、力ずくのクリミア半島併合と、ウクライナに対するドンバス地方での「ハイブリッド戦争」の展開（二〇一四年）を契機にはっきりして、分かりやすくなった。二〇〇八年夏のロシア‐グルジア戦争の数年後、それまで凍結されてきたいくつかの紛争に、新しい戦線が開かれたことではっきりしたのである。凍結されてきた紛争（トランスニストリア、アブハジア、南オセチア、ナゴルノ・カラバフ）はロシアの政策のために利用され、火に油を注がれたように燃え上がったのである。ロシアの目的は、ソ連解体（一九九一年）時に失われた戦略上の陣地や領土の一部を回復することにあった。ロシア‐グルジア戦争とロシア‐ウクライナ戦争の間に、沈静化政策——アメリカの場合には「リセット」、EUの場合には「近代化のためのパートナーシップ」と呼ばれた——は失敗してしまうだろう。確かに、ロシアは自由民主主義と市場経済に向かう、いわゆる「過渡期」にあるとの考え方に、西側指導者たちは幻滅させられ、ロシアの体制は一種のマフィア的国家であると解釈しようとした。そこでは指導者や「財産所有者」たちは金儲けにしか関心がなく、ウラジーミル・プーチンも欧米との交易条件の改善を図ることしか頭にないと見なそうとした。長期にわたる歴史と、その中でみじめな情念が果たした役割を無視することで、西側の指導者たちはそうした現象の性格とそれが向かう方向性を誤解してしまったのである。

紛争を経る過程で、ロシアは権力への意志を持ち、復讐の探求に駆り立てられた修正主義大国であり、「秩序攪乱国家」(ラウル・カステックス)であることを明確に自認し、それを主張していくのであった。[3] 隣接する国々に対して軍事力と多様な形態による圧力が行使された。その目的はソ連崩壊の結果生まれ、国際的に承認された隣国との国境線を問題にすることにあった。ウクライナに加えて、バルト諸国も憂慮すべき歴史改竄《かいざん》の試みの標的にされている。ポーランドを標的にした「歴史認識をめぐる争い」についても同様である。ロシアの政策ゆえに、汎ヨーロッパ的安全保障体制は全面的に崩壊していく(とりわけ、ヨーロッパにおける通常戦力条約からのロシアの脱退、また中距離核戦力条約は守られず、いまや無効になった)。そして全体的力関係がロシアと西側諸国を新たな冷戦の中に引きずり込んでいく。確かに、こうした表現には疑問の余地がある。しかし異論の多い表現ではあるものの、今後のロシア－西欧関係を特徴づける戦争と平和のハイブリッドな状況を別の表現で特徴づけることは困難である(「冷たい平和」とでも言ったらよいだろうか?)。ちなみに、最近「ハイブリッド戦争」なるものを理論づけたのはロシア人戦略家たちである。それは以下のように特徴づけられる。平和と戦争の違いの消失、非均衡的な戦術(tactiques asymétriques)(サイバー攻撃とソーシャルネットワークの操作、秘密軍事作戦、代理部隊の行使、真の目的を隠した戦争の実施)の活用である。彼らロシア人は多くの西側の政治家やアナリストの見せる謙虚さとは無縁であり、自分たちの言葉を婉曲に表現したり、悪しき語彙表現を避けたりはしない。

ロシアのウクライナに対する二〇二二年二月二十四日の「特別軍事作戦」と、ヨーロッパでの全面戦争への拡大の可能性は、最悪のシナリオを具体化した。「ダンツィヒのために死ぬ」〔訳注：一九三九年五月四日、マルセル・デアによる「ウーヴル」紙の見出し。ヒトラーがポーランドに対して、元ハンザ同盟都市のダンツィヒの割譲を要求。ドイツの歴史的領土回復要求にフランスとイギリスは反対。デアは戦争勃発の危険が迫る情勢に人びとを目覚めさせようとする〕のかと問う人がいる。彼らは中東欧諸国の背後で緩和政策を行う用意がある（ミラン・クンデラの「誘拐された西欧」）。この点で、地政学的構造が新しい、旧大陸の国境線の脆弱性を想起することは重要である。ヨーロッパ大陸全体で領土問題を蒸し返すことは、新たな大戦争の出発点になりかねない。その場合、フランスはかつてそうであったように、必然的にそうした戦争に巻き込まれていくことになろう。ロシアの地政学的修正主義とロシアが中国と結ぶ同盟条約に対抗するためには、アメリカのヨーロッパへの政治的、軍事的コミットメントが唯一の対抗手段となろう。またヨーロッパの同盟国間の分裂状態を抑制する必要がある。彼らは「自分のことしか考えない」で、妥協的政策、すなわち事を荒立てない政策に誘惑されやすいのである。前言を補足すれば、NATOを通じてのヨーロッパの地政学的安定性確保と防衛のリスク分散は、国際場裡における威光と影響力の拡大のために必要不可欠の条件である。もしもヨーロッパが自分自身だけを頼りにするようなことになれば、フランスと他のヨーロッパの大国は地政学的に縮小することになり、恐るべき結果を招くことになろう。国連の安全保障理事会内部において、このことは「P3」（ワシントン、ロンドン、パリの外交基軸）の終わりを意味することになろう。そうなれば、世界政治の重心はアジアに移動していくことになろう。アフリカ同様に、中東においてもヨーロッパの影響力は一層減退することになろう。ヨーロッパ大陸において、拡散を引き起こす誘因が勝利を収めることになろう。それゆえに、アメリカの覇権的なリーダーシップが消滅することになれば、重大な影響がヨーロッパに及ぶことになろう。

3　人民中国——ヨーロッパ・地中海パワーと北極圏パワー

これまで進めてきた分析によれば、権力のグローバルな均衡を意識する必要がある。北朝鮮の核開発危機は、ドナルド・トランプと金正恩《キム・ジョンウン》の間のシンガポール首脳会談（二〇一八年六月十二日）にもかかわらず、解決されることはなかった。また太平洋地域の貿易紛争は米中のライバル関係に注目することを要求する。そして北朝鮮をめぐる潜在的な紛争は、遠い世界の問題だと思われがちであるが、その解決は幻想にすぎないことが明らかになりつつある。ヨーロッパ人はそのことに無知ではいられないであろう。その理由は、北朝鮮のミサイルの射程が長くなっているからであり、またICBM開発プログラムが核不拡散体制を崩壊させかねないからである。ピョンヤンの核弾道弾についての活発な動きは中国に利用される。中国の狙いは東アジア（韓国と日本）におけるアメリカの同盟体制の破壊にあり、アメリカを太平洋の東側に強制的に後退させることにある。そこには習近平の新毛沢東主義的体制が掲げる目標と、両大戦間期の帝国日本の目標との間には、一定の類似性があることを指摘できるであろう。しかしながら、根本的違いを指摘すれば、それは中華人民共和国（以下中国）の規模と影響力の広がりの大きさである。この観点からすれば、アメリカが多国間の諸制度への関与をたとえ少しでも減少させ、太平洋を挟んだパートナーシップから引き上げることになれば、中国に対して大通りを開けてやることになる。そうなれば、北京は新しいシルクロードである地政学的プログラム（一帯一路、BRI）[4]を推進することになるが、それは事実上中国中心の国際システムである。とはいえ、既存の多国間制度（国連、ブレトンウッズ体制）を無視するわけではない。その代わりに、米中間の貿易紛争は中国経済に重大な影響を与えることが明らかである。

それゆえに、米中の戦略関係は「トゥキディデスの罠」[5]（訳注：古代ギリシアの歴史家トゥキディデスの描いた、新興国アテナイの強大化を危惧して覇権国スパルタが仕掛けることになったペロポネソス戦争の故事に基づく」の脅威の下にある。グレアム・T・アリソン（Graham T. Allison）作とされるこの表現は、帝国とその覇権の長い歴史を通じて、既存の大国と新興国とを対立させた多くの紛争を指している（彼は十六のケースを挙げ、そのうちの十二は武力紛争に発展したと言う）。以来こうした地政学的対立の構図は、アメリカと中国の間の中心的な対立――とりわけ台湾の運命に関わる――という形態を取る。紛争は通商、ハイテク、海洋法の尊重をめぐる対立の形を取ったが、結局それは覇権をめぐる闘争である。それを公然と、あるいは抑制的な形で仕掛けたのは中国の側からであった。こうした文脈から言うと、フランスやヨーロッパが想像上の「他の所」に避難場所を見つけられると考えるとしたら、それは幻想であろう。人民中国が既成事実を積み重ねるやり方で「アジアの地中海」（南シナ海、東シナ海）――そこは本物の地中海よりはるかに広い空間であるが――で行う政策は、ヨーロッパとアジアの間の物資の自由な流れを危うくする。同様に、新しいシルクロードのプログラムは、中東、アフリカに加えて、ヨーロッパを取り囲む海、さらにはヨーロッパ大陸の中心部に至るまで、ヨーロッパと西欧の立場を一変させるものである。この計画には中国の海外軍事基地の開設が含まれている。その場所は西欧列強諸国が長い間支配下に置いてきたところである。ジブチ〔東アフリカ〕のケースはそうした状態を最もはっきりと示している。かつてフランスの主権の下に置かれていたが、今日この領土には、兵員一万人まで受け入れ可能な中国の基地が置かれている。この数は、この地とその周辺地域に展開されるフランスやアメリカの兵員数を上回るものとなろう。つまり二〇〇〇年代の「真珠のネックレス」戦略〔訳注：複数の補給拠点を設けようとする中国の海上交通戦略〕は、かつてアメリカが抱いた幻想であると見なされたものであるが、いまや中国帝国主義を推進するための新しいシルクロードを予告するものである。

実のところ、人民中国は単なるアジア・太平洋沿岸地域の国ではない。ヨーロッパから見て遠くの強国にすぎない存在から、軍事面においても警戒すべき隣の国となった。中国の船隊は地中海とバルト海を行き来して、ロシア海軍と共同で演習を行っている。それに対して、南シナ海を航行するヨーロッパの船は少ない。同様に、「北極圏シルクロード」も話題に上っている。ロシアのエネルギー計画への中国の投資も影響力の拡大を目指す野心の証である（北京は砕氷船の建造を発表した）。北極圏から地中海へ、すなわち「グローバル・チャイナ」（毛沢東＋マハン）〔訳注：アルフレッド・マハンはアメリカの軍事評論家で、帝国主義の時代、海軍力が戦争の帰趨を決定すると主張した〕の理論に基づき、中国はいまやヨーロッパの海洋境界地域に軍事力を展開している。それにより、中国中心の大ユーラシアに向かう方向に舵を切ろうとしているように見える。その最終目標は西洋の長年にわたる覇権に終止符を打とうとするものである。最重要な産業部門への中国の投資をめぐる安全保障上の問題は、厳密な意味での戦略に関わるというよりは、地政経済に関わるものである。しかしまた、こうした投資は、軍事部門や、一国の支配力にかかわる技術分野に重大な影響を与えるものである（中国のファーウェイ（Huawei）社の共産党主導国家とのつながりが問題視されている）。最後に、EU内部に、親中国の構成国ロビーを設立することは、EUの地政学的統一性への脅威となる。こうしたロビーは、二〇一九年四月のギリシアの参加により「16＋1」（中国＋十六の中東とバルカン諸国）（リトアニアは二〇二一年に離脱）〔二〇二二年八月にエストニアとラトビアが離脱〕の体制になるであろう。他のヨーロッパ諸国以上にこれはフランスの関心事である。フランスの海洋領域の八五％はインド太平洋にあるが、その地域に、北京は巨大な軍事的手段を展開している。国連の安全保障理事会常任理事国の一員として、フランスには果たすべきさまざまな国際的責任がある。その一つは、海洋にかかわる法と自由の原則の擁護である。まさにこの点について中国から異議申し立てを受けている。(6) この広大なインド太平洋の舞台においては、EUが積極的なパワーとして介入し、行動する姿は想像しにくい。その一方で、フランスと他のEU構成国は態度の表明を迫られることになろう。

II　ヨーロッパに不利な状況と長期的な傾向

1　危機的な内的政治状況

ヨーロッパに重くのしかかる直接的脅威に加えて、ヨーロッパ諸国家内部やヨーロッパのグローバルな環境の中にいくつかの変動が生じている。社会の深層における諸要因によって引き起こされる、現在進行中のさまざまな変動は脅威を生じさせるか、あるいはヨーロッパ諸国の地政学的統一性を弱体化させかねない。イギリスのEU離脱を認めた国民投票と、その数か月後のドナルド・トランプの大統領選出により、「ポピュリズム」問題が表舞台に押し出されることになった。その結果、ポピュリズムは西欧民主主義国における政治的議論の不可避のテーマとなった。さまざまな異質な政治的現実に及ぶ、この用語の定義が難しいことを認めよう。この現象は民主主義と代表制をとる政体と強く結びついている。代表民主制は政治的自由主義の原則〔立憲主義と法治国家〕と多数決投票の間のダイナミックな均衡に基礎を置いている。古代ローマの共和制における「民衆派」(populares)と「元老院派」(optimates)の対立にまで遡る必要はない。フランチェスコ・グイッチャルディーニ(Francesco Guicciardini)〔訳注:ルネサンス時代のフィレンツェ共和国の歴史家、政治家〕は政治的近代の黎明期における広場（piazza）と宮殿（palazzo）の対立を理論づけた。つまり上流階級と民衆階級の垂直的分裂である。多くの点で、一九九四年から二〇一一年にかけてのベルルスコーニ（Berlusconi）流のイタリア政治支配は、すでにそうした意味でのポピュリズムを予見させるものであった。現下の情勢における、「上層」と「下層」の間の亀裂をデイヴィッド・グッドハート（David Goodhart）は「どこでも派」（anywhere）と「どこか派」（somewhere）の対立として描いた。英国人著者のグッドハートは英米両国内における政治的大変動をこのように説明した(7)。フランスでの政治分析は、エマニュエル・マクロンにより統一された「エリートの極」が、選挙においては実質上多数派の「民衆ブロック」と対峙する場面を見せてくれた。確かに、ヨーロッパの多くの国々における国民の政治生活上の不安定化はヨーロッパ統合の分野に影響をもたらすであろう。以前はその激しさが抑制されていたヨーロッパ懐疑主義は、今日では世論の広い範囲に広がり、ＥＵの統一性と永続性に対する脅威となっている。コロナウイルス、ウクライナ戦争、エネルギー危機やインフレなどによって引き起こされた社会・経済的困難に立ち向かおうとして、ＥＵ財政共通化の努力がなされた。それは構成国間で激しい議論を引き起こしたが、共通財政努力によって世論の中に広がった懐疑や不信を覆すことができるどうか、はっきりしない。

ヨーロッパの大部分の国でのナショナル・ポピュリストの進出に比べれば、かつて鉄のカーテンによりヨーロッパが東西に分断されていた事実を、少し含みを持たせて理解した方が良いだろう。二〇一〇年代の移民・難民の移動から生じた危機は、さまざまのヨーロッパ社会間に引かれた断絶線の存在を明らかにした。西側においては、数十年前からいくつかの国がヨーロッパ域外からの住民を受け入れてきた。しかしながら、こうした移民の永続化に反対する多くの人びとがいる。また個別的な慣習の主張、そしてとりわけ社会・経済的関心の優先などが広がっている。中東欧においては、二十世紀における悲劇とソ連による社会の「冷凍庫」現象の結果、同地域諸国では民族は同質的に維持されることになり、移民には強硬に反対している。イワン・クラステフ（Ivan Krastev）は次のように主張している。これらの国において、出生率の貧弱な状況下で若い労働者が西ヨーロッパへ移住することは、国民人口の消滅を引き起こすことになるとの恐怖心を抱かせている。外国人への門戸開放は、そうした状況を劇的に加速させるかもしれない[8]。こんな予測は誇張されたものであり、幻想にすぎないという人もいるだろう。それでもやはり、現実の描写や、それについての意見、さらには幻想さえもが政治的現実の一部であり、考慮されるべきものである。確かに、EU委員会主導の下での難民の強制的国別割り当てを目指すユンケル案（二〇一五年九月九日）の提示は、移民・難民政策の主導権を保持したい中欧諸国の意向とぶつかった。こうした計画案は、ＥＵ反対運動を強めることに大いに貢献することが見込まれる。ＥＵは構成国に対して強制力を持つスーパー連邦国家に変身しつつあるのではないかと疑われたからである。こうしたことを背景にして、ハンガリーとポーランドで実施された憲法・司法制度改革は法治国家のあり方をめぐって紛糾した。これらの国における法治国家体制は、ヴィクトル・オルバーン（Viktor Orbán）がその先ぶれとなった「非自由主義的民主主義」からの脅威にさらされることになった。ＥＵ条約第七条に基づき、欧州委員会と欧州議会はこれら二国に対する調査手続きを開始した。[9] しかし逆効果を恐れ、欧州理事会は立場を後退させた。

押し付けられた移民・難民の受け入れを拒否して、欧州委員会と対立し、また仏独カップルの強制する選択肢の受け入れを拒否して、中東欧諸国の一部は彼ら独自の協調と行動を優先させることになった。一九九一年設立のヴィシェグラード（Visegrad）グループが生き返った。二〇一四年五月十四日、同グループ創設の四か国（ハンガリー、ポーランド、スロヴァキア、チェコ共和国）は防衛協力協定に調印した。しかしロシアの脅威の受け止め方について、ハンガリーとポーランドのアプローチの違いは軽視できないものであった。ハンガリーの指導者たちはウラジーミル・プーチンの政策に寛大であることが分かった。ポーランドとクロアチア提案の「三海洋イニシアティブ」（二〇一六年）は両大戦間期のポーランド外交の見解に呼応するものである（ユゼフ・ピウスツキ大統領の「インテルマリウム計画」）〔訳注：ポーランド・リトアニア連邦の形成を目指す地理的計画〕。地経学的視点からして、この協力計画はバルト海、アドリア海、そして黒海をつなぐ地域のインフラ整備を図るものである。中東欧十二か国が契約当事者となり、同計画を支持するアメリカの外交は、それにエネルギー計画を加えることも提案した。アメリカとポーランドは結束して、ロシア－ドイツ間協力のノルドストリーム2に反対した（ロシアのウクライナに対する戦争以来、この天然ガス・パイプラインは稼働していない）。ヨーロッパ－アジア地域レベルでは、ワルシャワはまた、中国との「16＋1」パートナーシップの準備で主要な役割を演じた（二〇一二年）。しかしこれはポーランドの大西洋政策に悪い影響を与える可能性がある。確かに、こうした協力機関にはEUのような実質や野心はないが、すべてをうまくまとめることの難しさを示している。イワン・クラステフ（Ivan Krastev）は、論拠を挙げずに次のように主張する。強化された断固たる統合は、EUに敵対する流れを増加させることになり、同機関の最初の政治的目標とは矛盾することになりかねない。「悲劇の法則」と同様である（ジュール・モヌロ）（Jules Monnerot）。

2 ヨーロッパの周辺——不安定な地政学的ベルト

船の傾斜作用に似て、「ヨーロッパ丸」に悪影響を与える不安定性の内部的原因は、憂慮すべき状態にある。その理由は、一九九〇年代と比べ、現在の地政学的環境は弱体化して、危険になっているからである。防衛体制としてのヨーロッパに素晴らしい未来が約束されていた時代に準備されたヨーロッパ安全保障戦略(二〇〇三年)によりEUに与えられた目標は、隣接する地域に安全保障領域を拡大するというものであった。外交、開発援助、そしてもし必要ならば軍民派遣任務により、EUの南部と東部に位置する弓型に並んだ国々の安全確保が問題であった。それは自由化に向かう政治経済改革を推進することにより実現を目指すものであった。ヨーロッパの国境地帯においては、優れたガヴァナンスどころか、ヨーロッパは不安定な周辺地域、さらに言えば「燃え上がるベルト」に取り巻かれている。ソ連以後の空間においては、ロシア-ウクライナ戦争に加えて、いまだ未解決の地政学的紛争が、新たに独立した共和国(アゼルバイジャン、ジョージア、モルドバ)を、ロシアが支援する少数民族と対立させている。それら諸民族とは、アゼルバイジャンではナゴルノ・カラバフのアルメニア人、ジョージアのアブハジアと南オセチア、モルドバではトランスニストリアの親ロシア派住民などである。これら地域では、戦闘段階を経て、休戦の合意が結ばれると、状況は安定し、「疑似国家」が形成され、さまざまな形でのロシアからの援助を受けられるようになった（経済援助、武器、さらには兵士や「志願兵」など）。時間の経過とともに、これら国家の解体は不可避であると受け止められるようになる。モスクワにとって、これらの「凍結された」紛争は行動のテコとなり、統制の手段となっている。そして、それは「近くの異邦人」の要求に対して、具体的な地政学的形態を与えるものである。これらの紛争にドンバス、クリミアとアゾフ海での紛争が加わり、今日では紛争はウクライナ全土に広がっている。フランスとドイツが共催した「ノルマンディー」会議方式〔訳注：二〇一四年のウクライナからの分離独立を目指す、ドネツクとルーガンスクの二共和国とウクライナの間の内戦（ドンバス戦争、二〇一四―二〇二二年）を調停するために開かれたフランス、ドイツ、ロシア、ウクライナによる調停会議〕では、ロシアとその代理勢力に対抗するウクライナとの間のあまり激しくない戦争を解決できなかった〔二度にわたる即時停戦を求めるミンスク合意1と2の失敗。二〇二二年二月のロシアのウクライナ侵攻で今日に至る〕。侵略戦争の犠牲者であるウクライナのことをロシアは簡単には諦めようとはしなかった。これらの紛争はヨーロッパとユーラシアにおける地政学的特徴に由来する継続的要因である。将来バルト諸国に対してもロシアが要求を突き付けて来ないか心配である。

バルカン諸国は黒海、アドリア海、地中海東部を結ぶ線上に位置していて、同様に危険と脅威をはらんだ地域である。旧ユーゴスラヴィア戦争終焉後（コソボ紛争一九九九年）、西側外交筋は多くの分断線の走るこの地域の存在を無視してしまった。確かに、NATOとEUはブルガリア、ルーマニア、スロヴェニア、クロアチア（後者二つはバルカン国家とは見なされていない）の加盟を認めた。モンテネグロ同様、アルバニアはNATOメンバーであるが、EUのメンバーではない。その理由はとりわけフランスが拒否していたからであるが、二〇二二年には公式に撤回される。同様の扱いを受けた北マケドニアは、早急にNATOへの加盟が可能になろう（二〇二〇年加盟）。ボスニア、セルビア、コソボの状況は不安定である。経済の停滞、組織犯罪、バルカンルートの中枢に位置している（ここは不法移民と種々の犯罪のルートとなっている）。さらに加えて、ナショナリスト感情の悪化の可能性もある。EUはさらなる拡大を延期したが、ロシア外交は不安定な状況を維持するために、エネルギー分野を含むさまざまな手段に訴えている（二〇一六年のモンテネグロにおけるクーデターの試みとの関わりを見よ）。またモスクワとベオグラード（セルビア共和国）は「戦略的パートナーシップ」で結ばれており、ロシアの対空システム（S-400）が導入されることになれば、真の同盟関係に発展する可能性がある。現状では、ベオグラードには集団安全保障条約機構（CSTO）の監視事務局が置かれている。それから、地政学的分析では、北京もバルカン諸国への関心を高めていることを考慮する必要がある。ギリシアの公的債務危機と地域の経済状況は真空状態を生み出したが、その一部は中国によりカバーされた（ピレウス港への投資、ピレウス・ベオグラード・ブダペスト〔ハンガリー〕の三都市を結ぶ鉄道路線の近代化、〔ブルガリアの〕ソフィアの研究センターへの財政支援など)。二〇一一年からブダペストは、北京と十六の中欧ならびにバルカン(16+1)を含むフォーラムを主宰している(その後ギリシアも参加する。リトアニアは脱退する)。中国による「バルカン回廊」の開設は、新シルクロード・プログラムに含まれている。このプログラムは地政学的意味を持っている。というのも、中国からの資本に関心を抱く国家は、戦略部門への投資に対する本格的監視メカニズムの導入に反対しているからである。また彼らの多くは北京の南シナ海における動きに対して強硬に反対することを控えている。

脅威の分析は中東の状況を重視したものである。この地域の地政学的重要性をいくら主張してもしすぎることはない。この地域はまさにヨーロッパの隣人とも言える位置にある。中東は世界の石油生産の五分の二(片岩石油を除く)を担っている。また採掘容易で豊富な石油の埋蔵量を誇っている。もはやサウジアラビアとOPECが市場をコントロールしていないとしても、この地域は依然として世界のエネルギー地図の中心であり続けている[10]。それゆえに、ヨーロッパ諸国はどうしてホルムズ海峡に無関心でいられるだろうか? そこを通って石油・ガスの供給が行われているのである。中東はヨーロッパと東アジアをつなぐ十字路である(スエズ運河とバブ・エル・マンデブ海峡）〔訳注：アラビア半島南西部のイエメンと東アフリカのエリトリア、ジブチ国境地帯付近の海峡〕。ところで、この地域は全般的混乱の中で大きく揺らぐ恐れがある。この点について述べれば、ヨーロッパの南側にあたるリビアにおける状況の悪化が考えられる。さまざまな戦争が重ね合わさり、同盟関係は矛盾したものとなりかねない。時間の経過とともに、ロシアはハリファ・ハフタル（Khalifa Haftar）元帥の側に立って軍事的に介入を拡大した。彼は国連により公式に認められたトリポリ政府〔リビア〕に反旗を翻した人物である。こうして、ロシアは地中海中央部、すなわちヨーロッパの南岸地域に自己の姿を投影している。そしてエネルギーとのかかわりだけでなく、不法移民の流れを手段として利用することになるかもしれない。トリポリ政府はトルコの支援を得ている。トルコは武器の供給に加えて、直接的な軍事支援に乗り出すが、それは現地に確かな効果をもたらすことになる。トリポリ－アンカラ〔トルコ〕枢軸は地中海東部で影響を及ぼしている。両国の合意はギリシア、キプロス、イスラエルの排他的な経済圏にとって脅威となる。戦略的考察に加えて、ヨーロッパの歴史と表象（イメージ）において中東が占める位置について、再考してみる価値があるかもしれない。ピエール・ショーニュ（Pierre Chaunu）はこの地域に「人間のすべての冒険の絡み合い」を見ていた（肥沃なオスマントルコ帝国、シュメールとアッカド、十戒、そして旧約聖書の預言者たち、新約聖書）。要するに、この地域が人びとを引き付けるのは、もはや時代遅れのオリエンタリズムゆえではない。長期的視点に立てば、中東は世界の「ゴルディオスの結び目」〔訳注：フリギア王ゴルディオスの結んだ複雑な結び目を解いた者は、アジアの覇者となるとの神託。アレキサンダー大王が一刀のもとに結び目を切断した、という故事〕である。

3　大きな世界的挑戦とヨーロッパにとっての地政学的含意

ヨーロッパと拡大中東地域（マグレブを含む）がその一部をなす「最大規模の地中海[11]」（イヴ・ラコスト）が直面する危険と脅威は、サブサハラ・アフリカ〔サハラ砂漠以南のアフリカ〕に及んでいる。さまざまな名称で呼ばれるジハード主義の拡大、ならびにアフリカ大陸各地に散らばる紛争中心地が相互につながる危険性は、いまやヨーロッパに深刻な影響を与えている。その影響は、たとえ人の移動の側面に限定してみても重大である。それゆえに、サヘル地域〔サハラ砂漠以南に東西に帯状に広がる地域〕でのフランスの軍事活動とG5サヘル〔訳注：二〇一四年二月十六日設立。開発および安全保障政策に関する地域協力のための制度。モーリタニア、マリ、ブルキナファソ、ニジェール、チャドをメンバーとする。二〇二二年からメンバーの離脱が続き、二〇二三年末までに解散の見込み〕の設立には、植民地から独立した後の諸国家の安定と国民の安全にとどまらない重要性がかかっているのである。だがやはり、フランスはニジェールに基地を持つアメリカからの支援を受けている。またイギリスとドイツを含むヨーロッパのいくつかの国は、国連とともに援助を提供している。重要なことは、ジハード主義に対する闘いには時間がかかること、また危険を封じ込め、それが最悪のものとなるのを避けることくらいしか、まともな見通しが立たないことを理解する必要がある。正式な勝利など望みえないであろう。そうした見方が妥当するのは、ワグネルの傭兵たちが猛威を振るうマリでのロシアの活動が、サヘル地方で展開される国際活動を脅かしているからである。その結果、二〇二二年十一月九日、フランスはバルカンヌ作戦〔訳注：サヘル地域で展開された、ジハード主義グループに対するフランスの軍事作戦〕の終結を宣言した。西アフリカ（ナイジェリア）やアフリカの角《つの》（ソマリア）においても実行された戦いの背景としては、アフリカの人口拡大や気候変動が現地の状況を悪化させており、その影響はヨーロッパにまで及んでいることがある。確かに、「気候変動難民」という概念は厳密さを欠くものである。人の移動現象には多くの要因が関係してくる（社会経済的条件、紛争、気候危機に対する諸機関の対応）。こうした諸要因の結合の結果生じた住民移動の大部分は、関係する諸国家の国内問題である。とはいえ、アフリカの激しい人口増加、全般的状況の悪化、多くの国家の崩壊などの影響は広く及んでいる。アフリカはまた、外部勢力の対立関係が際立つ大陸である。中国の権益の拡大が人びとの関心を呼んでいる。そして今後は、スーダン、中央アフリカ、アンゴラというアフリカを縦断する軸に沿って、また南部アフリカ、サハラ以南、さらには北アフリカ地域などにおいて、ロシアがソ連時代に獲得した地位を取り戻そうと試みていることに注目したい。

アフリカに遍在する中国の存在と、また中東で密かに進む影響力の拡大を見ると、大規模のパワーバランスと富の移動が遠方の東洋に向かって起きていることの意味を再考するように促される。先に検討した危険と脅威を超えて、かつての「中華帝国」（Empire du milieu）が超大国の仲間入りをすることは、西洋に対して自己と世界の姿の問い直しを迫っている。二十一世紀の中国は、歴史上の短い時期を除く、かつての世界の中での序列や立場を取り戻しつつあるにすぎないといった主張がある。しかしそうした解釈とは反対に、今日の中国の目覚ましい台頭は過去との画期的な断絶となっているのである。十八世紀の中国はすでに世界人口と富の五分の一を持つ国であったが、その主要部分は土地と農業に基づくものであった。その覇権は世界的なものではなく、地域的なものであった。次の世紀に清帝国がイギリスと争ったとき、革新性、敏捷性、パワーでの優位は後者の側にあった。それゆえに、今日の状況は以前とは異なるのである。鄧小平による一連の改革以来、過去四十年ほどの間に成し遂げられた進歩は、西側の見せかけの歴史哲学を無効化するものである。すなわち、経済の開放（選択的）、中産階級の富裕化と成長は政治の自由化をもたらさなかった。中国のシステムは「市場を伴うレーニン主義」にとどまり、習近平の考えは毛沢東への逆戻りを実行するものである。この国は「ＩＴ化された全体主義」を開始し、それはロシアや他の同じような体制の国々を魅了している。結局、中国は平和的に自由主義的な国際秩序と世界市場に組み入れられることはない。中国は自国中心的なグローバル化を推進するが、それは西欧諸国の世俗化したキリスト教的普遍主義との共通点を持たないのである[12]。

「超大国」中国の出現、ロシアの強引な国際舞台への復帰、アラブ・ペルシア湾から東地中海にかけてのシーア派イランの自己主張といった現象の延長線上に、二十世紀の間に築かれた「自由主義的国際秩序」に脅威を与える修正主義的政策が表われてきている。法の支配を嫌悪し、国境（海と陸の）を尊重しないこうした地政学的姿勢は公共財、とりわけ国際海域への自由なアクセスに疑問を投げかける。これは、「アクセス禁止」と呼ばれる海洋空間にカギをかける戦略を生み出させることになる。この点は中国の「アジア版地中海」（南シナ海と東シナ海）でも同様である。世界貿易の多くがこの海域を通過する。ロシアも同様の戦略をバルト海、黒海、地中海沿岸のレバント地方で展開している。その目的は、シリアにおける陸上での戦闘をバックアップするためである。東地中海では、ＮＡＴＯのあまり当てにならないメンバーであるトルコの地政学的修正主義もあって、戦略的状況は複雑化している。シーア派イランについては、ホルムズ海峡を封鎖する手段を手に入れると強硬に主張している。この海峡は世界の石油の三分の一が通過する場所である。西欧による二十年にわたる海軍や海運による覇権確立の後、イランの接近禁止戦略──中国の場合には遠距離投入のための海軍航空隊能力の獲得（就航中の二隻の空母、最終的には四隻体制）──は世界のパワーバランスの転回点である。アメリカ海軍航空隊が、「地政戦略的超拡張」（hyperextension géostratégique）の脅威にさらされる一方で、ヨーロッパの同盟国のほとんどは、その名に値するほどの艦隊を維持していない。ところが、ヨーロッパ諸国の自由と繁栄は海洋支配能力にかかっているのである。アメリカ以上にヨーロッパはホルムズ海峡やマラッカ海峡の閉鎖から重大な悪影響を受けるかもしれないのである。

Ⅲ　超人が跋扈《ばっこ》する世界における可変翼のヨーロッパ

1　見通しの立たない「ヨーロッパの主権」よりも、汎ヨーロッパ的国家連合を

ヨーロッパで始まった長期にわたるグローバル化や、二十世紀の「連鎖する戦争」の延長線上に、リベラルな国際秩序が形成された。しかしその後、ＥＵとその構成国、および隣接する国々が発展していくことになるが、世界は混乱に巻き込まれていく。ヨーロッパ大陸では、アメリ

カのコミットメントはまず西欧をソ連の拡張主義から守ってくれた。またブレトンウッズ体制の枠組みの中で、再建と長期の成長と繁栄が可能になった。その後、アメリカとＮＡＴＯの「冷戦勝利」により、ヨーロッパ大陸が再統一された。またヨーロッパにおける多数の国民国家の代わりとして、ヨーロッパと大西洋を結ぶ諸機関が拡大した。世界レベルでは状況はもっと複雑である。グローバルな戦略的安定性、市場の開放、交易の流れの安定などは大いに世界の富の拡大を可能とすることに貢献した。一九七〇年代以降、世界の富は四倍になった。こうした富裕化は地政学的影響を与えた。それは中国を筆頭にした、いわゆる「新興国の」自己主張を伴うものであった。グローバルな力関係に変化が生じ、ヨーロッパは「完全なる格下げ」の危機に見舞われる。先に分析したように、危険や脅威を越えて世界におけるヨーロッパの影響力は後退した。その背景にはアジア太平洋地域との比較で、大西洋世界の衰退があった。その変化の大きさとスピードは、歴史に例を見ないものである。近代、すなわちアメリカ大陸発見から二世紀以上経た時代になると、北西ヨーロッパと大西洋世界が地中海世界に対して優位を占めるようになった。グローバル経済の中の「ヨーロッパ＝市場」を検討しただけでもその収縮過程のスピードが分かる。世界銀行の数字によれば、ＥＵとその構成国は二〇〇八年には世界のＧＤＰの三〇％を占めていた。この年アメリカは二三％、中国は七％であった。それが二〇一八年にはヨーロッパは世界のGDPの二一%（イギリスの離脱後は一八%）を占めたのに対してアメリカは二三%、中国は一六%になった。ヨーロッパの相対的重要度はこの十年間に四〇%減少したことになる。

ヨーロッパの最強国でも、自分一人の力では、超人が跋扈《ばっこ》する世界には対応できないであろう。この世界では「国家=文明」は類いまれなるエネルギーを動員する。とはいえ、このように現状を総括するだけでは、大陸レベルでグローバルな地政戦略上のアクターを自任できるような連邦（ヨーロッパ合衆国）を設立するための十分な動機とはなりえないであろう。すなわち、ヨーロッパはいまだ「キケロの時」を迎えていないのである〔訳注：現状の国民国家体制に代わる新しい政治体制の模索が続くヨーロッパ。共通の計画の周りに市民を結集できるリーダーの登場が待たれる〕。これはおそらく単なる時間の問題ではない。一例を挙げてみよう。コロナウイルスに直面したヨーロッパ諸国家は、自国の国境閉鎖や再開について互いに調整する能力を欠いていた（二〇二〇年三月―七月）。それゆえに、「ヨーロッパ=パワー」というフランスの計画は、エマニュエル・マクロンにより改訂され、「ヨーロッパの主権」というテーマになったが、これは必然的に困難に直面することになると思われる。地政学的現実を見れば、フランスの構想の失敗によって、一部の人びとが「ロシアとの枢軸」を想像するようなことになれば、ヨーロッパの平和と自由が危険にさらされかねない。すでに「リスボンからウラジオストックまでの」大ヨーロッパというプーチンの発言（ブレガンソン、二〇一九年八月十九日）に言及することは、大幅の譲歩を意味することであった。ロシア大統領はこうした表現をすでに二〇一一年にドイツのある新聞記事の中で明らかにしていた。このように述べることで、エネルギー、テクノサイエンス、経済、文化に基づくパートナーシップについて、分野的限界点を明確にした。それと同時に、民主主義、政治的自由主義、法治国家などの分野は除外されていた。エマニュエル・マクロンの発言では、「リスボンからウラジオストックに至るヨーロッパ」とは、新たなる「安全と信頼の構造」の枠組みとなるはずのものであった。しかしこうしたマクロンの提案は曖昧なものであった。なぜなら、ヨーロッパから「大兵站基地」の北米が排除されていたからである。もっと悪いことに、アメリカと中国が同一の平面上に置かれ、誤った対称法が事実認識をゆがめてしまっていた。つまりこうした地政学的構成主義は重大な事実を無視してしまっている。すなわち、ロシアはユーラシア国家であり、指導者たちは広大な地理的空間――リスボンから上海、さらにはジャカルタまで――の枠の中で自国の運命を考えているのである。中国に対抗するどころか、ロシアは中国と同盟関係を結んでいる。ウラジーミル・プーチンの不満は西側に向けられており、彼は西側同盟だけではなく、ヨーロッパ統一も一緒に破壊してしまいたいと考えている。ロシアのウクライナに対する戦争――これは西側に対する一種の間接的戦争である――という現在の状況においては、フランス大統領のレトリックは無意味であることが明らかにされた。現在ウクライナに提供されている政治的、外交的、軍事的支援はそのことを明確に示している。

確かに、世界からの挑戦に対する対応の一部は、多国間協力システムとしてのEUの管轄権に属することである。ただしEUの持つ相対的利点が公的活動のあらゆる分野において有効であるわけではない。その点は、はっきりと認めなければならないだろう。構成国の一部しか参加していないユーロ圏（二十七か国中十九か国）〔二〇二四年四月現在二十か国〕はわきに置いておこう。ユーロ圏は今後指導的役割を担う中核とはなれないと思われる。いかに有用であるとはいえ、構成国間の妥協の繰り返しばかりではリーダーシップを発揮しえない。国際貿易と地政経済の領域において、EUはかろうじて、一定の有効性を保っているだけである。例えば、通商条約の交渉とか戦略的部門の保護などにおいては、その規模と制度上の構成がプラスに働いている。対中新政策の策定は、最初のテストケースになるだろう。同様のことはエネルギー政策についても言える。それは気候温暖化抑制の目標と結びついているし、ロシアとの紛争と東西間の石油・ガス輸入の切断ゆえに、さらに緊急事態となっている。EUの共通域外国境の保護はフロンテックス（欧州国境沿岸警備機関）〔訳注：二〇一五年の欧州難民危機を受け、従来の共通警備機関を改組・強化したもの〕の目覚ましい発展に助けられ、ヨーロッパ的スケールがプラスになっているもう一つの分野である。しかしこうしたものだけでは、宣戦布告と平和条約締結が可能な主権的権力を持つ連邦を形成することにはならない。事実、政治権力の最重要部分は国家レベルにとどまっている。連邦を目指す変化にはいくつかの制度的障害物があることに照らし合わせて考えると、EU委員長のウルズラ・フォン・デア・ライエンと各国の国家元首・首相などが望む国家連合の形態を、ヨーロッパの将来に関する諮問会議が奨励したことは賢明であったといえよう。協力と、厳格な上向きの補完性の原理〔訳注：構成国の個別の行動によっては十分に目的を達成できない場合、EUにその権限を委譲すること〕に基づくこの組織モデルは、あまり魅力的とはいえない地位（「政治的UFO」。ジャック・ドロール（Jacques Delors）の一九八五年の発言）から、EUを抜け出させるかもしれない。しかしこのモデルではEUの権限の全般的見直しが必要になるであろう。その目的は、EUがある程度の付加価値を実際にもたらす任務の領域に、構成国の共同行動を集中させるためである。

2　ヨーロッパの地政学的機軸――パリ–ベルリン、あるいはパリ–ロンドン？

確かに、外交・戦略部門では一定数の計画実現は可能であろうが、全構成国間で最小限の共通理解を得ようとしたら、たとえ軍事力の支援を得たとしても、野心的であると同時に状況にうまく合致する外交政策の実現は不可能であろう。防衛分野では、NATOが中心機関であり続け、共通安全保障防衛政策（ＰＳＤＣ）〔訳注：ＥＵの共通外交・安全保障政策の基本的部分〕は補完的なものにとどまることが明らかにされた。根本的なことを決定するハイポリティックス分野では、ヨーロッパの未来は各国間の自由で自発的な協力にかかっている。そのうえ、地政学的な危機に際して、介入の可否の決定を下すためにはいかなる枠組みの中で決定が実行されるのかが問題となる。それはＮＡＴＯ、ＥＵそれとも「有志連合」か？　各国別介入の可能性も指摘できる。例えば、二〇一三年以降のフランスのマリへの武力介入がある。しかしこのケースもよく検討してみると、それが単独介入であるといっても、さまざまな国際的な支援の重要性が分かる（フランス－アメリカ、フランス－イギリスなどの二国間協力、ＥＵ部隊、国連の平和構築任務など）。活動の枠組みの選択と並んで、介入の用意のある国々は作戦行動に必要な兵力編成モデルについて話し合うことになる。また連邦内でのやり方に照らして考えると、各国間の協調行動方式は前例にとらわれ、不確かなものとなりやすい。とはいえ、これはあるがままの現実を反映したものである。すなわち、「ヨーロッパ合衆国」は存在しないし、ＥＵはいまだ「キケロの時」を迎えていない。あえて現実を強制すると主張すると、かえって遠心力を刺激して、後ろ向きの衝撃を引き起こしかねない。

他方、可変翼の協力（la collaboration à géométrie variable）においては、「強化された協力」[13]〔訳

注：ニース条約の規定により、八か国の賛成があれば、EU内の政策統合に向けた手続きを先行して開始できる〕の精神に合致する政治的方式の存在に気付く必要がある。すなわち、可変翼の協力とは、先に進む準備のできた国々は自由にそうしたらよい。ただし軍事的ではなくても、少なくとも政治的・外交的支持を、ユーロ・大西洋地域とそれを越える場所のパートナー国や同盟国などから、自らの責任で獲得する必要がある。そのためには力に頼ると同時に柔軟さも必要となる。我われの考え方によれば、ヨーロッパの行動力の弱さは、全くあるいは少なくとも部分的には、EUの制度的欠陥のためというよりは、一部の国の軍備面での不備、あるいは少なくとも理論的には別のやり方があることに気付いているのにそうしようとしない、政府の政治的不決断のせいである。私たちが生存の意志を測るのは、軍事予算と軍事能力によってである。だからといって、それがヨーロッパ大陸の政治的現実に適合するとの判断から、可変翼の協力を好ましいとしても、「〔指針となる軸を持たない〕アラカルトのヨーロッパ」〔訳注：EUメンバー国は自国に適したEU法や決定を適宜選ぶことができる〕への加担を良いとするものではない。アラカルトのヨーロッパでは、国家間協力は時々の政治情勢や協力領域の違いに応じて変化してしまうであろう。ところが、外交的・戦略的側面では、進路を定めて安定した路線を伝えていくためには、整合性と連続性が必要である。自発的に協力関係に参加する国家からなる「強力な中核」が存在しない場合には、世界的

強国からなる強固な二国間主義が必要である。そう言うと、「仏独カップル」の存在がすぐ頭に浮かぶかもしれないが、とりわけ防衛面におけるフランスとドイツが抱く概念の違いを検討するには、ある程度慎重な姿勢が必要である。大規模の軍備計画（将来の空中戦や戦車戦のためのシステム）を実行し、軍備品の輸出のための共通政策を練り上げていく両国の能力は、仏独協力の命運と究極の目的とを決定づけるものとなろう。ドイツの拡大した軍事面での努力がこうした方向に向かっているかははっきりしない（オラフ・ショルツ（Olaf Scholz）首相は二〇二二年六月に、一千億ユーロの資金を充てることを発表した）。

イギリスの場合にはEUからの離脱ゆえに、直観的に言えることではないが、英仏協力はそれでも最重要と言えよう。一九九六年に樹立された「グローバル・パートナーシップ」以来、フランスとイギリスは大いに政治的・軍事的な絆を強めてきた。もっともイラク問題やヨーロッパ共同防衛体制についての意見の不一致が存続している。二〇一〇年十一月二日、ニコラ・サルコジ（Nicolas Sarkozy）とデイヴィド・キャメロン（David Cameron）はランカスター・ハウス協定に調印した。これは防衛と安全保障に関する条約であり（その問題点については補足的な宣言が出された）、また核シミュレーションについての条約でもある。世界的役割を期待されるヨーロッパの二大主要軍事大国として、両国は政府間協力の論理に従い、協力関係を強めてきた。二〇一四年のロシアによるウクライナ侵略〔訳注：まずクリミア半島侵略から始まった〕以来、イギリスはヨーロッパ防衛に対する軍事的貢献を増やすことを通じて、ヨーロッパ大陸の地政学的安定に対するNATOの重要性を再確認した。それゆえにイギリスのEU離脱は、決してかつての「栄光ある孤立」への回帰を意味することにはならないはずであった。二〇一七年、イギリスは「外交政策、防衛、発展」と題する文書を公表した。その中で、メイ政府はEUとの特権的なパートナーシップを強く望んでいることを明らかにした。「それは現在第三国と結んでいるいかなるパートナーシップよりも特権的な関係を想定するものである」。それは「ヨーロッパ人により守られてきた共通の価値に対する歴史的な心底からの信念を基盤とするものである。すなわち、われらのヨーロッパ大陸とそれ以外の場所での平和、民主主義、自由と法治国家である」。イギリス政府は具体的に次のような提案をした。ヨーロッパの軍事作戦への参加、軍人と対外関係分野における専門家の交流、秘密情報と領事館ネットワークの共同利用、さらにはヨーロッパ防衛予算への貢献など。その代わりにイギリスは盟友国家の地位を得ることになろう。与党保守党の強力な後押しを得て、ボリス・ジョンソン政府はこうした方向性を守った。「グヽロヽーヽバヽルヽ・ブヽリヽテヽンヽ」はEUを離脱するが、ヨーロッパから退却はできない。そしてヨーロッパ大陸の二つの主要軍事大国間の密接な協力なしには、NATOのヨーロッパ側支柱は存在しえないことになろう。ヨーロッパ全体に極めて深刻な結果をもたらしかねないイギリスの孤立主義の可能性を、原則的には排除できないとしても、現在のウクライナ国家に対する関与を見る限り、イギリスがヨーロッパ大陸の地政学的現実をしっかりと認識していることが分かる。

3　ヨーロッパだけでは不十分だ――西欧の一体性と同盟関係のグローバル化

「戦略上の双子」（エチエンヌ・ジャヌカン）の英仏は、今日でも世界的野心を持ち続けている強国である。ともに国連安全保障理事会のメンバーであり、両国の立場や外交行動について、アメリカと調整を行なっている（先に六五頁で述べた「P３」を参照）。情報の共有レベルは高く、英仏両国の軍はアメリカ軍との間で完全に相互運用が可能である。それはＮＡＴＯ、二国間、ないしは「有志連合」いずれの枠内での活動についても言えることである。英仏ともに海運・海軍の強国であり、海外領土を持ち、世界中の海に広大な排他的経済水域を有している。両国にとって、ヨーロッパだけでは十分ではない。実のところ、ヨーロッパ全体の運命ともいえることであるが、ヨーロッパを海と切り離して考えることはできない。その長い歴史においてそうであったように、今日においても、ヨーロッパの経済を養う物資の流れに照らして地政学的に考えると、ヨーロッパは海に強く結ばれていることが分かる。この点で、われわれは、幻の砦の裏側に後退した大陸連邦のプロジェクトには、「小国家のような」（kleinstaatlich）側面があることに同意しなければならない。こうした連邦は結局のところ、グローバル経済の一「部門」に縮小してしまい、広大な世界に形を与え、事態の成り行きに影響を与えるよりも、そこから自らの身を守るための近隣政策を採用することになってしまうかもしれない。こうした未来は、解決を求められている問題の重要度に見合ったものではなかろう。浮き彫りにされた争点は、国境は前線で守られなければならないこと、主要な海路と、それが通過する地政戦略的地域が守られなければならないことである。それゆえに、それは大海に展開するヨーロッパであり、また古来よりの使命に忠実な存在であり、「ヨーロッパ要塞」でも「閉鎖的な通商国家」（フィヒテ）でもない。技術は世界を征服し、エコロジーは国境を知らない。そして「脱グローバル化」は起こらないであろう。

　フランス、イギリス、そして海と大洋を目指すいくつかの国々からなるヨーロッパ、外洋に開かれたこのヨーロッパは、北アメリカが参加する「大西洋世界」にわれわれを導いていく。十七世紀以来、北大西洋の両岸は同一の「経済＝世界」の内部で連帯してきた。人間、財、資本、思想などが、やがて「水たまり」と呼ばれるようになる大西洋を渡って交流した。十八、十九世紀における西洋の拡大の中に位置づけられる北米の空間の歴史的発展の一部は孤立主義のテーマによりぼかされたこともあった。それゆえに、アメリカ合衆国の堂々たる宇宙論は、当時のヨーロッパ諸大国の地政学的発言や自己表現に呼応するものであった。そして第二次大戦中、西欧の重心はニューヨークやワシントンへ移っていった。以来、ヨーロッパ・大西洋地域からなる大空間が形成され、そこでは独特の精神的諸価値、文化的傾向、政治・経済・司法組織がもたらされることになった。ＮＡＴＯと、アメリカが維持する同盟国との二国間関係のネットワークは、この大空間の地政戦略的表現である。リーダーシップを行使するアメリカの意志と能力は、西欧の統一が存続するための条件である。その絆がひどく緩むと、しばしば引き合いに出される「ヨーロッパ人のヨーロッパ」は、対抗意識と内部対立の歴史を復活させてしまう恐れがある。しかしトランプ政権内の一部の人びとの孤立主義的発言を文字通りに取るのは間違いである。彼らは「ヨーロッパ＝パワー」への発展を加速させようとしているのである。団結は闘いであり、大西洋同盟は消滅の運命にあるわけではない。事実を見てみよう。バイデン政権のウクライナに対する約束、ならびにロシアの「特別軍事作戦」以来のＮＡＴＯの強化は大西洋地域の活力を表わしている。

その代わりに、ＮＡＴＯの活力維持のためには、ヨーロッパの同盟国側の一層大きな軍事面での投資が必要とされるだろう。（例のＧＤＰの二％を防衛費に当てるという）会計上の主張に固執することは間違いであろう。大西洋同盟の維持と永続化は、メンバー国が長期にわたりその時代の脅威と挑戦（例えば、ロシアの侵略行為や中国の多様な形で見せる野心）を受けて立つ能力にも依存しているからである。ここで一言付け加えておきたい。こうした地政学的問題の技術的、経済的側面は、NATO一人に委ねられる任務や手段を超えているということである。むしろヨーロッパ的枠組みの中で対応策を練り上げた方が良いし、中国の重商主義を前にしては、EUとアメリカの活動を連携させた方が良い。ファーウェイ問題や戦略的性格を持つ経済部門の保護を超える、大西洋貿易についての合意が必要であると思われる。というのも、グローバルな争点は、グローバル化の規範や標準を定めることと関わってくるからである。NATOについては、その内部で「中国の台頭」（China's turn）（NATO、二〇三〇年）の概要が示されている。「域外」についての同盟国間の議論は当たり前であり、新たにそれにのめり込む必要などない。北極圏から地中海にかけて、中国海軍がヨーロッパの舞台に姿を現している。一般的に言って、北大西洋とヨーロッパの大陸棚における、あるいはまた「最大規模の地中海」における危険や脅威が増大して、ヨーロッパは大きな政治・外交・軍事的な努力を必要とされることになろう。残された問題として、ますます重要度を高めているインド太平洋という舞台の検討がある。二〇一七年以来、インド太平洋「クワッド」（Quad）にすでにアメリカ、オーストラリア、日本（三つの同盟国）

に加えてインドが参加している。争点とされているのは、中国とバランスを取ること、法を遵守させること、共通の財を保護することである。大洋を目指すヨーロッパの先端部分にあるイギリスとフランスはクワッドに参加する資格がある。日仏「防衛パートナーシップ」、パリとニューデリー〔インド〕の間で調印された軍事・産業部門での合意、キャンベラ〔オーストラリア〕との関係修復（仏豪潜水艦建造契約の破棄による関係悪化）も同様の方向を目指すものである。最後に、イギリス海軍に倣って、フランス海軍も二隻目の空母を装備することで、ヨーロッパは断固として、「アジア大陸の小さな岬」になるつもりはないことを示すことになろう。

第三章原注

（1）Cf. B. Lewis, *L'Islam en crise*, Paris, Gallimard, «Le Débat», 2003.

（2）AKP : Parti de la justice et du développement. 公正発展党。

（3）ラウル・カステックスは、現実の秩序に不満を抱く強国を「秩序攪乱国家」と呼ぶ。そうした国家は、国際的現状維持を支持する「保守的国家」により定められた現状に挑戦しようとする。（カステックスの以下を参照。*Théories stratégiques*, 1929-1935）。

（4）二〇一九年四月二十五日から二十七日にかけて、北京は国際協力のためのＢＲＩ（一帯一路構想）の第二回フォーラムを開催した。このフォーラムに加えて、一種のユーラシア「ＯＳＣＥ」（欧州安全保障協力機構）と比較可能な上海協力機構（ＳＣＯ）を考慮に入れる必要がある。

（5）Cf. G.T. Allison, *Vers la guerre. La Chine et l'Amérique dans le piège de Thucydide?*, Paris, Odile Jacob,

2019.

(6) 以下を参照。国連海洋法条約(UNCLOS)は、一九八二年十二月十日にジャマイカのモンテゴ・ベイで調印された。同条約は、六十か国による批准・加盟により、一九九四年十一月十六日に発効。(今日一五七か国が署名)。

(7) D. Goodhart, *Les Deux Clans. La nouvelle fracture mondiale*, Paris, Les Arènes, 2019.

(8) I. Krastev, *Le Destin de l'Europe*, Paris, Premier parallèle, 2017.

(9) 第七条は以下の通り。「連合は人間の尊厳、自由、民主主義、平等、法治国家を尊重する諸価値、ならびにマイノリティーに属する人びとの権利を含む、人権を尊重する諸価値に基礎を置く[…]」。

(10) 二〇一六年に設立の「OPECプラス」は基本的にはロシアとサウジアラビア間のエネルギー同盟である。これは石油市場に対する一定の行動力を再建することを狙ったものである。二〇二〇年三月の短い断絶を経て、この同盟は新型コロナの感染と市場の崩壊、景気後退などを背景にして、早急に更新された。両国の石油同盟は、ウクライナ戦争とその結果として生じたエネルギー危機にもかかわらず継続している。

(11) 「最大規模の地中海」は人や物の往来現象により形成された運動空間、つまりダイナミックな空間である。この空間には地中海の大西洋沿岸地域が含まれ、またスエズ運河とシリア地峡をつなぐ人やモノの流れを介して中東を含んでいる。最後に、黒海とコーカサスを通過してカスピ海盆地に至る軸が全体のダイナミズムに関与している。

(12) E. Dubois de Prisque, *La Chine et ses démons. Aux sources du sino-totalitarisme*, Paris, Odile Jacob, 2022.

(13) 文字通りではなくとも、その精神において。「強化された協力」はEUに固有の法的メカニズムである。その目的は、ヨーロッパの「ラベル」の下でいくつかの政策を遂行するためである。そうしたものとしてここで言及された活動は、二国間の枠組みや、「有志」連合として、ＥＵやＮＡＴＯの枠組みの外でも実施できる。

結論　ヨーロッパよ、あなたはどこへ行くのか

本地政学的研究を終えるにあたり、ＥＵはグローバルな地政戦略的アクターではなく、主権的行為など想定しえないことが明らかになった。ビスマルクの有名な言葉を準用すれば、「ヨーロッパなどと言う人は嘘をついている」というのは依然として正しい。ヴェルダン条約（八四三年）による分割〔訳注：シャルルマーニュの帝国の分割。以後近代主権国家体制の発展に向かう〕から、ローマ条約（一九五七年）までの何世紀かをカッコでくくってしまうような壮大な目的論的物語は、真実でもなければ、信頼に足るものでもない。もし私たちが自分を未来に投影するなら、ＥＵをもたらす歴史的必然性などはなく、また「ヨーロッパ主権」計画は実体を欠いた、単なる言葉遊びに終わってしまう可能性がある。とはいえ、ヨーロッパは単なる地理的表現にすぎず、意味もなければ歴史的重要性も持たないと結論づけるのはやめよう。西洋文明のゆりかごであるこの地政文化空間は、多少とも大局的に見れば、多くの共通点を有する諸民族、諸国家群の集合体からなる一つの家族である。以後、ヨーロッパの大多数の国々は地政学的協力システムに参加して

いくことになる。それは特定の国々の自己主張にとどまらず、普遍的な君主政体確立のための闘争からなる、ある種の長い歴史的な「総合‐克服」であった。現代のヨーロッパは、国民国家の集まりであるとしても、参考までに述べれば、帝国の時代もあったのである。ヨーロッパ人と西洋人は、たとえそれが変質したものであっても、中世のキリスト教的普遍主義を受け継ぐと同時に、人間と世界に対する強い関心を受け継いでいるのである。

拡大の数世紀を経た後に、ヨーロッパの主要国は大陸の地理的空間内に閉じこもった。しかし一部の国々はヨーロッパの外にかなりの程度の立場を維持し、中には世界的な大国の地位を保持し続けた国もある。冷戦期には、アメリカの同盟国は「重荷」の一部を引き受けた。次いでヨーロッパは戦略上の中心の地位を失ったようである。その地位はかつて満ち足りた幸せを約束するものとして提示されたのである。「幸せな国民は歴史を持たない」（ヘーゲル）。世界文明の礎石としてのEUには、多元的ガバナンスの発展、人間の安全保障や人類共有財産の発展などの役割が割り振られた。ソフトパワーと「規範の力」が、力による外交や軍事行動の分野における力不足を一時的に緩和してくれた。そのうえ、NATOが代わりを務めてくれて、それを解体しようなどとまじめに考える人はいなかった。これは広く共有された幻想であるか、あるいは自分の不十分さの代償としての発言であったのか？　ヨーロッパの軍事技術組織にのみ責任を負わせることは間違っているかもしれない。確かに、ヨーロッパ諸国の指導者たちは、とりわけ西欧地域において、そうした言葉を弄《ろう》した。世論の同意を得て、彼らは軍事予算を削り、「平和の配当」を活用しようとした。実のところ、こうした考え方は時代精神、つまりある特定の時代を特徴づける精神的雰囲気であった。結局のところ、フランシス・フクヤマによる、「歴史の終わり」や「最後の人間」の時代についてのヘーゲル・ニーチェ流の命題は全く根拠のないものとは言えない。このアメリカ人政治学者は西洋のポストモダンについての社会心理学を確立した。実際これは「古いヨーロッパ」同様に、アメリカやカナダにも当てはまるものである。

「夢遊病者のヨーロッパ」は、今後自分は脅威にさらされるようになること、さらには西側に対するロシアの戦争に巻き込まれる危険性に気付かされた。永遠に「楽天的な医者たち」〔訳注：ジャン・ド・ラ・フォンテーヌの寓話に出てくる楽観的と悲観的な二人の医者の間の不毛な議論の話〕はこの危険な時代に、より緊密な連合以外の選択肢を持たないEUに期待を持ち続けている。適応の必要性についてのマネージャー・タイプの発言は、より一層政治統合を進めることを正当化しようとしているといえる。そしてもし、アメリカが旧大陸から引き上げるようなことになれば、それは形を変えた幸運となるかもしれないとさえ言う。そうなれば、既成事実に直面して、ヨーロッパ人は前進を余儀なくされることになるであろう。そして真の大構想がなくても、EUは「地政学的（欧州）委員会」から推進力を得て、ヨーロッパ合衆国になるであろう。さらにコロナウイルスの危機とその影響（二〇二〇年）は、経済復興計画や、世論の支持を期待できると思われるグリーンディール（Green Deal）〔訳注：欧州委員会の政策イニシアティブであり、二〇五〇年までにカーボンニュートラルの達成を目指す〕と相まって、統合の推進に貢献することになるであろう。しかしこうしたものの見方は幻想としか言いようがない。このような意志主義的態度は、推進要因の欠如を考慮に入れていないし、逆に反対勢力の存在も考慮に入れていない。「量子飛躍」〔訳注：原子内の一つの電子が、ある量子状態から別の状態に不連続的に変化すること〕が曖昧な汎ヨーロッパ連邦を「ヨーロッパ＝パワー」に変形させることなど、ありそうもないのである。さらにアメリカがヨーロッパの地理的境界を守ってくれているにもかかわらず、こうした親ヨーロッパ統合主義者の発言は、世論の一部にみられる反米主義を進んで当てにしている〔ウクライナ戦争はこのことを改めて証明している〕。その代わりに、〔中国の〕いわゆる「戦狼外交」の攻撃的トーンや、ヨーロッパの中心部と周辺部において見せた地政学的駆け引きなどにもかかわらず、中国の世界的野心に対する論調は抑制的である。ロシアについては、ユーラシアのヒンターランドであり、地中海で動き回る敵対的な強国である。国家また国民として、自己満足、通商による変化という幻想、地政学的フィクション（リスボンからウラジオストックまでのヨーロッパ）などの行き着く先には、どうしてもウクライナの侵略と破壊の試みが必要だったのかもしれない。

では一体どうしたら良いであろうか？ この問いに対するアレクサンドル・コジェーヴ（Alexandre Kojève）の答えは、「ギリシア語を学びたまえ」であった〔訳注：ロシア系フランス人でヘーゲル主義者のコジェーヴは、現代社会の軽薄さを批判して、ヨーロッパ文明の根源に遡って政治哲学の理解に努めるべきだと主張した〕。西欧のエリートと社会が神に見捨てられた孤独な状態にあるのと比べれば、こうした解答に意味がないわけではない。しかし二つの異なるレベルの思考を混同させるという誤りを犯しているのではなかろうか。すなわち、「ヨーロッパ＝本質」（パワーの基盤）と「ヨーロッパ＝決定機関」（組織）の混同である。大局的な視野に立てば、ヨーロッパはすでに行動に必要な枠組みを備えている。カールスルーエの憲法裁判所方式に倣い、ＥＵが「連携国家連合」を構成していると認められるのであれば、本当の意味での制度上の問題はないことになる。ある種の恥ずべき連邦主義を実践するよりも、国家連合を正式に組織することで、ヨーロッパは明確さと効率性を獲得するかもしれない。また軍事面においては、彼らはＮＡＴＯを利用することができる。あるいは「中核国家」の推進力を得て、多かれ少なかれ広範な同盟関係に加わることができる。真の課題は使用可能な軍事的手段のレベル、政治的意志、そして私たちが「ヨーロッパ＝本質」と呼ぶ全体精神のレベルがいかなる状態にあるかである。あまりに長い間、純粋に物質的また国内的欲求が強かったことで、われわれは世界の喧騒を離れ、弱体な軍事的行動能力に満足してきた。しかし「ベールは破れてしまった。いまや再軍備のときである」との声が聞こえてくる。でも行動が言葉に追いつくだろうか？　すべては物質的な規模によって決せられるとの考えは間違いであろう。ごく最近まで、ヨーロッパは「人類全体の統治者としての役割」（エドムント・フッサール、Edmond Husserl）を果たしてきた。ミサのときの記念唱もなく、人間を無限に超越するものに訴えかけることをしないでも、再生は可能だろうか？　この問題に答えることは政治家や戦略家の能力を超えるものであるが、明らかに地政学的影響がある。鎧《よろい》の音は、スフィンクスのオイディプス王に対する命令を思い起こさせる。「理解せよ。さもないと、食べられてしまうぞ！」

欧州政治共同体の展望

二〇二二年五月九日の欧州議会における演説で、エマニュエル・マクロン仏大統領は欧州政治共同体の考え方を表明した。この共同体はEUの周りに、すなわちヨーロッパ大陸とその隣接地域に友好国、同盟国、パートナー国を結集しようとするものである。この時期、ウラジーミル・プーチンのウクライナに対する「特別軍事作戦」は三か月目に入っており、マクロンの提案は少々懐疑的に受け止められた。フランス大統領はウクライナのEU入りを無期限に（彼の言葉によれば、それは数十年先のこと）引き伸ばしていたから、なおさらのことであった。提案された政治共同体なるものは、ある種の言い逃れのようなものであり、西側バルカン諸国と中東欧諸国とを「待避線」に導くための言い逃れにすぎないのではなかったろうか？

二〇二二年六月十六日の仏独伊三国の指導者たちのキエフ訪問と、ウクライナが「ヨーロッパ家族」の一員であることを確認する発言は、それまでの障害を取り除く第一歩となった。それに続く六月二十三日のEU首脳会議はウクライナのEU加盟申請を受け入れた。その結果、単なる

EUの代用品、あるいは加入のための待合室ではない共同体計画を、フランス外交は推進することが可能となった。こうした動きは、トルコを含む加盟候補国にとって重要なことであった。これはEU周辺地域にとどまることを宿命づけられた国々——イギリス、アイスランド、ノルウェー、スイス——についても同様であった。

二〇二二年八月二十九日のプラハのカレル大学での講演で、ドイツ首相のオラフ・ショルツは、彼の抱く「地政学的ヨーロッパ」のビジョンを詳述した。「西バルカン諸国、ウクライナ、モルドバ、そしてジョージアを含めたEUの拡大」に賛同して、彼は対外政策分野での政策決定方式の改革（特定多数決制への移行）に賛意を表明した。同様の動きの中で、彼は欧州政治共同体の考えを支持するが、彼の考えでは、それは友人やパートナーたちからなるフォーラムであり、EUやその拡大とは混同されてはならないものであった。数週間後、ドイツはトルコの参加の重要性を主張した。トルコは曖昧さの残るパートナーであるが、ヨーロッパの防衛と安全保障にとって重要である。

他のEU諸国、北欧諸国やポーランドはイギリスの参加を希望した。欧州政治共同体は新たな関係性の枠組みとなるべきものである。ロンドンとの関係は、今でもEU離脱の結果に苦しめられているから、余計それは言える。短期間英国政府の首相であったリズ・トラス（Liz Truss）は差し出された手を握った。二〇二二年九月二十日、ニューヨークでのエマニュエル・マクロンとの会談の折、彼女はプラハで開催予定の首脳会議への出席を受け入れた。ただし、欧州政治共同体の名称変更の要求は実現できなかった（この名称は以前の欧州経済共同体（ＥＥＣ）を思い出させるものである）。彼女の後任のリシ・スナク（Rishi Sunak）はフランスを含むヨーロッパの同盟国やパートナーと一層協調的であるという印象を与えた。

二〇二二年十月六日、ＥＵ、ヨーロッパ各国、またその周辺国の四四人の国家元首と首相が、プラハでの欧州政治共同体の第一回首脳会議に参集した。すなわち、北極地帯から地中海に至る広大な地理的空間、ヨーロッパ大陸の大西洋沿岸地方からアナトリア、さらには黒海沿岸部までのヨーロッパである。要するに、これは汎ヨーロッパの地政学的フォーラムであり、「政治対話」と「協力」に関心を向けていた。またウクライナ戦争を背景にして、「アンチ・プーチン・クラブ」の様相を呈していた。もっとも、このフォーラムにはハンガリーやトルコのような色合いの国も含まれていたのであるが。

しかし首脳会議の成果は乏しかった。招待国の指導者たちは広義のエネルギー問題や安全保障問題を取り上げたとはいえ、こうしたフォーラムからは具体的な成果は何も出てこなかった。実のところ、ＥＵの二十七のメンバー国は、すでにお互いのエネルギー政策を一致させることに苦慮していたのである。であるから、もっと広い範囲の異質なメンバーからなるフォーラムで意見の一致をみることなど望むべくもなかったのである。しかし、これほど多数の指導者たちを集めたことだけでも、エマニュエル・マクロンとフランス外交の成功であったといえよう。またEU諸機関（欧州理事会とEU委員会）、さらには主催国のチェコ共和国は〔二〇二二年七月から十二月まで〕輪番でEU理事会議長を担当していた。

この最初の首脳会議が終わっても、欧州政治共同体の最終目標が何なのか、はっきりしないいまだった。これはEU拡大を準備する機関であると考える人びとと、汎ヨーロッパレベルでの「国際連盟」の前兆であると見なす人びととの間の議論は終わりが見えなかったのだ。イギリスとトルコは、それぞれ異なる理由から、彼らがEUの周りを取り巻く集合体の中で二番手の役割に甘んじることなど想像できなかった。とりわけ、EUには拡大に対処するために必要な手段や形式が整えられていたからである（例えばパートナーシップ、自由貿易上の合意、連携協定、加盟のためのプログラム、関連する予算など）。しかし、いかに外交的手腕を発揮したところで、拡大といった試みの実現に必要な歴史認識、政治的意志、また推進力を与えてくれる要因の欠如を補うことはできないであろう。

もう一つの将来ビジョンは、参加国の指導者たちを同じテーブルに着かせ、互いに共通の問題や、対立する紛争を処理することを可能とする「場」として、柔軟性を持った政府間機関を設けることである。例えば、東地中海におけるギリシアとトルコの間の紛争、キプロスの運命、南コーカサスにおけるアゼルバイジャンとアルメニア間の紛争、ならびにナゴルノ・カラバフの将来の問題などが山積している。ヨーロッパ大陸における集団安全保障に貢献する汎ヨーロッパの地政学的システムに形と方向性を与えること、私たちはそうした一般的な考え方なら理解できる。この概念は国際連盟(SDN)の記憶を呼び覚ましてくれる。

結局のところ、集団安全保障システムは、その構成員一人ひとりの意志に依存している。しかし、公共財の理論と集団行動の社会学が示すように、誰か一人の行為者が負担の最大部分を引き受けない限り、大多数の人びとにとって望ましいと同時に有益な行動は起こらないであろう。覇権的リーダーシップ、また原則と価値の共有が欠如している現状では、欧州政治共同体が汎ヨーロッパ的諸問題を解決するための基盤として機能する能力には疑問符が付いてしまう。それゆえに、見通しは明るくない。しかしながら、欧州政治共同体は年二回、二〇二三年春にはモルドバで、また同年秋にはスペインで開催されることになっている。

関連年表

一九四五年五月八日	ヒトラー・ドイツの降伏
一九四六年九月十九日	ウィンストン・チャーチルのチューリッヒ演説
一九四七年三月四日	ダンケルク条約〔英仏同盟〕
一九四七年三月十二日	トルーマン・ドクトリンによる「封じ込め政策」
一九四七年六月五日	マーシャル・プラン。OEEC〔欧州経済協力機構〕の起源
一九四八年三月十七日	ブリュッセル条約実施のための西側同盟（WU）成立。〔西欧同盟（WEU）の前身〕
一九四九年四月四日	ワシントン条約調印〔北大西洋同盟〕
一九四九年五月五日	欧州審議会設立
一九五〇年五月九日	「時計の間」演説〔シューマン・プラン発表〕
一九五一年四月十八日	ECSC〔欧州石炭鉄鋼共同体〕設立
一九五四年八月三十日	フランス国民議会はEDC〔欧州防衛共同体〕法案を否決
一九五四―五五年	ロンドン－パリ協定。ドイツ連邦共和国とイタリアのNATOとWU加盟。

一九五七年三月二十五日　WUはWEUへと改組・改名
ローマ条約によりEEC（欧州経済共同体）設立
一九七〇年十月八日　EMU（経済通貨同盟）計画に関するウェルナー報告
一九八九—九〇年　ベルリンの壁崩壊、「ビロード革命」、ドイツ再統一
一九九一年七月一日　ワルシャワ条約機構解体
一九九一年十二月二十六日　ソ連邦解体
一九九二年二月七日　マーストリヒト条約調印、EU（欧州連合）設立
一九九二年五月十五日　　タシュケント条約。CSTO（集団安全保障条約機構）設立。NATOのロシア版
一九九六年四月二十六日　ロシア‐中国間の戦略的パートナーシップの強化
一九九九—二〇〇〇年　ユーロへ移行（二〇二〇年、十九か国）
二〇〇一年六月十五日　SCO（上海協力機構）設立
二〇〇四年五月一日　EU拡大。主として中東欧諸国十か国の加盟
二〇一〇—一二年　ヨーロッパでのソヴリン債の危機（PIGS＝ポルトガル、イタリア、ギリシア、スペイン諸国）
二〇一三年九月七日　習近平の新シルクロード、一帯一路計画の発表

二〇一五年　ギリシアのソヴリン債危機

二〇一六年六月二十三日　ブレグジット（EU離脱）国民投票成立

二〇二〇年二月一日　イギリスのEU離脱

二〇二〇年五月十八日　コロナウイルス危機に対する仏独協力によるヨーロッパ再建策で合意

二〇二一年十二月十七日　ロシアはウクライナへの新たな介入の準備と正当化のために、アメリカ、EU、NATOに対して最後通牒を発する

二〇二二年二月二十四日　ロシアはウクライナに対する「特別軍事作戦」を開始。ヨーロッパ大陸における激しい戦争の始まり

二〇二二年六月二十三日　ウクライナがEUの候補国となる

二〇二二年九月三十日　ウラジーミル・プーチンは、ドネツク、ルハンシク、〔南部〕ザポリージャ、ヘルソンの各州（ウクライナ領土の二〇パーセント）のロシア併合を宣言。その後、大統領令により（ヨーロッパ最大の）ザポリージャ原子力発電所の所有権がロシアに移譲される

二〇二二年十月六日　欧州政治共同体サミット（プラハ）

訳者あとがき

本書は、Jean-Sylvestre Mongrenier, *Géopolitique de l'Europe*, (Collection « Que sais-je ? » n° 4177), PUF, janvier 2023. の全訳である。著者のジャン＝シルヴェストル・モングルニエはフランスにおける地政学分野の代表的な研究者であり、またジャーナリズムの世界でも活躍している。ブリュッセルとパリに本拠を構える「トーマス・モア研究所」において、ヨーロッパ問題関連のプログラム（Vivre l'Europe）の研究主任を務めている。同研究所は二〇〇四年創立のヨーロッパ有数のシンクタンクの一つであり、政治的には保守、また思想的にはリベラル、そしてカトリックを信条としている。本書の著者も基本的にはそうした立場に立つ。ヨーロッパ地政学、防衛問題、NATOやロシア－ヨーロッパ関係などを、「親ヨーロッパ」の立場から研究し、その成果を積極的に発信している。

モングルニエは、フランソワーズ・トムとの共著で『ロシアの地政学』（*Géopolitique de la Russie*, 2022）を、Collection : Que sais-je ? から出版している。さらに最近、大著『イスタンブールから見た世界：トルコとアルタイ語世界の地政学』（*Le Monde vu d'Istanbul : géopolitique de la Turquie et du monde altaïque*）, PUF, 2023 を発表している。

またモングルニエは、地理学や地政学の専門誌である *Hérodote* に定期的に寄稿している。最近の論文のタイトルを挙げれば、著者の関心が広くヨーロッパの安全保障問題一般に及んでいることが分かる。「ウクライナ戦争、NATOとヨーロッパ防衛共同体」（二〇二三年三―四月）、「ドイツとNATO：他に何ができるか」（二〇一九年四月）、「ブレグジットからアメリカの離脱へ：自立したヨーロッパ防衛の見通しは不確かだ」（二〇一七年一月）、などである。

著者が客員研究員を務める、パリ第八大学ヴァンセンヌ＝サンドニについても一言述べておきたい。第二次大戦後、地政学は大戦中ナチスに利用された学問（とりわけカール・ハウスホーファーの「生存圏」の理論）とされ、各国で忌避された。こうした事情はフランスでも同様であり、地政学の研究・教育には空白期間が生じた。それもあってか、現在までのところ、地政学に特化した教育プログラムを持つのはパリ第八大学付属の「フランス地政学研究所」（IFG）のみである。大学院のプログラムでは通常考えられる諸国家・民族間の安全保障問題以外にも、環境問題に起因する紛争、ベルギーのフランドルやフランスのコルシカをめぐる地域主義の問題、近年深刻化する郊外問題など多岐にわたっており、軍事的安全保障問題に限定されてはいない。

日本の状況についても一言述べておく。第二次大戦後に地政学がおかれた状況は、ほかの西欧諸国と同様であったと思われるが、二〇〇〇年代に入るころから状況は一変し、「空前の地政学ブーム」が生まれたといわれる。訳者が直接に手にしたものだけに限定しても、曽村保信『地政学入門』（一九八四年、二〇二〇年）、北岡・細谷編『新しい地政学』（二〇二〇年）、秋元千明『最新 戦略の地政学』（二〇二二年）、篠田英朗『戦争の地政学』（二〇二三年）などがある。さらには田中孝幸『13歳からの地政学』(二〇二二年)までである。「地政学ブーム」の背景を考えると、最近のロシアによるウクライナ侵略では、時計の針が一〇〇年巻き戻されたような印象を持った人も多かったのではなかろうか。国家の領土問題に対する行動の背景を知る必要を実感させられた経験であった。

地政学では、国家行動を規定する要因として、地理とともに資源の重要性を指摘する。一国にとっての特定の資源不足は「地政学的リスク」などと表現がされることもある。それを実際に目の当たりにすると、現代における地政学に対する関心の高まりが理解できる。いくつか実例を挙げてみよう。最初に、多くの人びとに資源の重要性に目を開かせることになったのは一九七三年十月のOAPECによる石油戦略であった。第四次中東戦争の勃発を機に、親イスラエル諸国に対して、原油の減産、価格の急激な引き上げが実施され、先進工業諸国は大きな打撃を受けた。二〇二三年十二月には中国は先端技術の輸出規制を行うアメリカを標的にして、レアメタルの輸出規制を行った。ウクライナ戦争勃発以来、ロシアに批判的なヨーロッパに対する圧力行使の手段として、ロシアの天然ガスへの依存が高いドイツを狙ってパイプライン(ノルドストリーム1)の閉鎖を実行している。ロシアの国家行動の理解のためには、歴史的視点が有用であるともいわれる。十八世紀のエカテリーナ二世以来の不凍港を求めるロシアの「南下政策」が、黒海沿岸地域へのロシアの関心を高め、クリミア半島への侵攻から始まるウクライナ戦争を引き起こしたとの説明もある。

本書は地政学の理論書ではないが、モングルニエは地政学が重視する地理、歴史、文化などが政策決定に与える影響を重視して、今日のヨーロッパが置かれている安全保障環境を分析している。そこで本書を構成する次の三つの主題を簡単に見直しつつ、そこで見られたいくつかの問題点について考えていきたい。その際取り上げられる事例は主としてフランスのものからであるので、各章の詳しい内容は本文をお読みいただきたい。

第一章では地政学的方法が重視する特定地域の地理的特徴と文化的要因から分析を始める。実にコンパクトに主要点をまとめているので、ここでは次の二点に絞ってコメントしたい。

まずヨーロッパという語についてである。この語の使用については、通常ギリシア・ローマ時代からの文化的側面が強調されるが、地政学的視点からすれば、ヨーロッパの地理的な境界線をどこに引くかが重視される。本書冒頭の地図をご覧いただきたい。網掛けをした部分を筆者はヨーロッパと定めているようである。ところが、例えば国連による世界の地域の分類に従えば、ヨーロッパの国の数は五〇に及び、本書の地図上の分類を超えてしまう。すなわち著者は地図の白い部分をヨーロッパに分類していないのである。確かに、「大西洋からウラルまで」の表現にあるウラル山脈をヨーロッパの東の端とする考え方がある（この見方を著者は否定しているが）。一般的には、ベラルーシやウクライナなどよりも東の地域の一部を「（東）ヨーロッパ平原」などと呼んだり、ロシアの西の部分は（東）ヨーロッパであり、ジョージアは（東）ヨーロッパと西アジアの両方にかかっているとされ、またモルドバも（東）ヨーロッパの国であるとされたりする。ところが本書のモングルニエによるヨーロッパの分類はこうした地理的な基準に加えて、地域の歴史的、文化的、あるいは住民の帰属意識なども考慮に入れた上で、網をかけた部分だけをヨーロッパと呼んでいるようである。それに加えて、ヨーロッパの基準として、EU加盟、さらにはNATOメンバー国であるか否かを使っているようだ。たとえば、西バルカン半島のボスニア・ヘルツェゴヴィナやセルビアなどはヨーロッパとされていないのに、ブルガリアには網掛けがされている。どうしてか？　やはりブルガリアがNATOにもEUにも加盟していることが大きいのではなかろうか。もっとも、こうした判定基準を使ったとしても、特別非難されるべきことではなかろう。おそらく一般のフランス人（ヨーロッパ人）の感覚では、ヨーロッパを論じるとき、ほぼ無意識のうちにこうした基準に依拠していると思われるからである。

アイデンティティの問題も興味深い。本書の四二頁で取り上げられた「ヨーロッパ憲法案」準備のために、フランスの元大統領のヴァレリー・ジスカールデスタンの下に召集された「ヨーロッパの将来に関する諮問会議」がまとめた条約案についてである。この条約案の冒頭にはヨーロッパの「キリスト教的起源」についての記述があり、さまざまな受け取り方をされたものの、いかなる国の政府も、とりたてて問題にしなかった。しかしこともあろうに、フランスのシラク大統領が反対して、この部分は削除されてしまった。モングルニエは、「ライシテ」を根拠にしたシラク大統領の反対には批判的である。確かにライシテは十九世紀以来の共和国フランスの政治において大きな理念的対立要因であった。しかしそれも一九〇五年の「政教分離法」の妥協的解釈・運用によって徐々に乗り越えられてきたのである。それ故に、著者もヨーロッパ文明のキリスト教的起源という記述は、ライシテの理念や、民主主義や法治国家といった理念と両立しうるものと考えているのである。確かにシラク大統領の時代、国内のイスラーム教徒によるライシテ原則に対する「挑戦」があり、その対策として「イスラームのスカーフ」規制が法制化(二〇〇三年)される事情もあったことを認めなければならないだろう。しかしヨーロッパのアイデンティティ問題がこんなところに顔を出すとは訳者中村にも驚きであった。憲法案からキリスト教的起源の語は削除されることになったが、アイデンティティをめぐる議論はEUの結束にひびを入れることにもなりかねないのである。

第二章では、ヨーロッパ統合の歴史が簡潔にまとめられている。第二次大戦後、欠乏の時代を乗り越え、仏独の対立の芽を摘むために進められた統合の過程である。今日ではEUは共通農業政策、共通通商政策、経済通貨同盟によるユーロの導入など、歴史上例を見ない主権国家間の統合が実現した。著者のモングルニエは、ヨーロッパが安全保障の面でも「ヨーロッパ=パワー」を目指すことができるであろうかと問うている。著者の回答は否定的である。EUが今後目指すべき方向として、以前から連邦なのか国家連合なのかという論争がある。しかしヨーロッパのような長い伝統を持つ国民国家からなる場合には、誰しも完全な連邦制など現実離れした構想である、と考えざるを得ないであろう。ではこれまで以上にEUの共通政策を強化し、経済通貨同盟に匹敵するEUレベルでの共通政策を移民政策、環境政策そして究極的には安全保障分野での統合にまで拡大して「ヨーロッパ防衛共同体」の創設を目指すことは可能であろうか? モングルニエは懐疑的である。特に最後の防衛共同体をどのように作るかについてはEUの有力国(自国の世界的役割意識を持つ国)間の協力においても課題は多い。フランスとドイツの間では、「大国ヨーロッパ」を志向するフランスに対して、戦後の憲法上の制約から異なる国家観を持つドイツとは折り合いがつけにくい。また仏独協力を進めようとすると他の構成国の疑心暗鬼を招くことになりかねない。英仏間においてもヨーロッパの安全保障観には違いがみられる、モングルニエによれば、イギリスは「強大なヨーロッパ」を受け入れても「超大国ヨーロッパ」には反対である。ヨーロッパの移民政策についても、構成国間の負担の分散を目指すEUの政策はハンガリーのような国の強硬な反対に直面した。二〇〇四年の拡大により、西のヨーロッパとは異なる政治体制や文化を持つ国々との間では共通政策実現のハードルは高いと言わざるを得ない。こうした状況を前提にすると、訳者から見ても、政治共同体としてのヨーロッパの近未来は構想しにくい。各国の主権を尊重し、機能的分野での共通政策を積み重ね、緩い形での国家連合が現実的な未来像ではなかろうか。

第三章は緊張感をはらむ国際環境の中にあって、ヨーロッパがどのように数々の脅威を乗り越えることができるかという問いである。モングルニエは三つの地域における脅威を上げる。第一は地中海南部、サハラ以南の東アフリカに伸びる帯状地域、さらにはアラビア半島を超えてシリアやイラクにまで伸びる弧状を描く地域における政治的不安定、とりわけテロリズムの脅威である。第二はロシア・ユーラシア－東欧における国家的脅威の再編である。ソ連解体によって失った領土の回復を目指す動きである。第三に中国の地中海やバルト海、北極圏地域への進出の試みである。ここでは第一の点について、地政学的分析の視点から訳者中村が興味深いと考える点を指摘することにとどめたい。それは今日にまで影響力が続く、二十世紀初めに活躍した英国人の地政学者のH・J・マッキンダー

（本人は地政学者と呼ばれることを嫌った）の理論についてである。彼はユーラシア大陸の中央部を「ハートランド」（＝ランド・パワー）と呼び、その外縁部を「内側の半円弧」と呼んだ。そこは歴史的にランド・パワー（ロシアやドイツ）とシー・パワー（イギリスとアメリカ）とが対立した不安定地域であると考えた。こうしたマッキンダーの大きな図式を下敷きにして、モングルニエはヨーロッパにとっても深刻な影響をもたらすサハラ以南地域（サヘル）を分析している。アフガニスタンからサヘルにかけて広がる紛争多発ベルト地帯は、かつてマッキンダーが世界島（ユーラシア＋アフリカ）と呼んだ地域のハートランドとでも呼ぶところである。サヘル地域のマリ、ブルキナファソ、ニジェール、モーリタニア、チャドを貫き紅海に至る地域で、フランスが影響力を残そうとして失敗したところでもある。この地域はイスラーム圏とも重なっており、その意味ではテロとの戦いの場として世界の他の地域での紛争構造と連結しているといえよう。中国についても「一帯一路」構想にもとづくヨーロッパへの進出、北極圏地域への関心について、著者モングルニエは読者の注意を喚起している。著者は「人民中国は単なるアジア・太平洋沿岸地域の国ではない。ヨーロッパから見て遠くの強国にすぎない存在から、軍事面においても警戒すべき隣の国となった」（一一二頁）と警戒心をあらわにしている。この点について、訳者も中国に対する認識を新たにする必要を痛感させられた。

混迷の度を深めるヨーロッパ周辺地域からの脅威に対してヨーロッパはいかなる立場をとるべきであろうか？　著者のモングルニエは見通しの立たない「ヨーロッパの主権」「大国ヨーロッパ」、マクロン大統領が構想する「欧州政治共同体」などを追い求めるよりも、汎ヨーロッパ的国家連合を目指すことを提案する。その際ヨーロッパの地政学的基軸として、外交・戦略部門での協力関係の「固い核」をパリ－ベルリン間、そしてとりわけパリ－ロンドン間で発展させ、その「固い核」をヨーロッパ国家連合と並行して具体化していくことの重要性を強調する。最後に訳者から一言付け加えれば、著者のモングルニエは、ヨーロッパの防衛体制の強化は、あくまでＮＡＴＯと連携して行うべきであると主張する「大西洋主義者」である。

本書の翻訳にあたっては、パスカル・ペリノー『ポピュリズムに揺れる欧州政党政治』（文庫クセジュ）の出版時と同様に、白水社の小川弓枝さんから多くの有益なアドバイスをいただいた。この場を借りて心から感謝の意を表わしたい。

二〇二四年六月

中村雅治

参考文献

Aron R., *Plaidoyer pour l'Europe décadente*, Paris, Robert Laffont, 1977.

Béhar P., *Une géopolitique pour l'Europe. Vers une nouvelle Eurasie*, Paris, Desjonquères, 1992.

Brague R., *Europe, la voie romaine*, Paris, Gallimard, « Folio essais », 1999.

Delsol C., Mattéi J.-F. (dir.), *L'Identité de l'Europe*, Paris, Puf, 2010.

Dubois de Prisque E., *La Chine et ses démons. Aux sources du sino-totalitarisme*, Paris, Odile Jacob, 2022.

Foucher M., *La République européenne. Entre histoires et géographies*, Paris, Belin, 1998.

Freund J., *L'Essence du politique*, Paris, Sirey, 1986.

—, *La Fin de la Renaissance*, Paris, Puf, 1980.

Goodhart D., *Les Deux Clans. La nouvelle fracture mondiale*, Paris, Les Arènes, 2019.

Kissinger H., *Diplomatie*, Paris, Fayard, 1996.〔ヘンリー・A・キッシンジャー『外交』上下、岡崎久彦監訳、日本経済新聞社、1996〕

Krastev I., *Le Destin de l'Europe*, Paris, Premier parallèle, 2017.

Lacoste Y., *Géopolitique. La longue histoire d'aujourd'hui*, Paris, Larousse, 2009.〔イヴ・ラコスト『ヴィジュアル版 ラルース 新版地図で見る国際関係 現代の地政学』猪口孝（日本語版監修）、大塚宏子訳、原書房、2023〕

Lewis B., *L'Islam en crise*, Paris, Gallimard, « Le Débat », 2003.

Mattéi J.-F., *Le Procès de l'Europe. Grandeur et misère de la culture européenne*, Paris, Puf, 2011.

Mongrenier J.-S., Thom F., *Géopolitique de la Russie*, Paris, Puf, « Que sais-je ? », 2022.

Monnerot J., *Les Lois du tragique*, Paris, Puf, 1969.

Schmitt C., *Terre et mer*, Paris, Éditions du Labyrinthe, 1985.〔カール・シュミット『陸と海――世界史的な考察』中山元訳、日経BP社、2018〕

著者略歴

ジャン=シルヴェストル・モングルニエ（Jean-Sylvestre Mongrenier）

地政学博士、歴史・地理学教授資格を持つ。ブリュッセルとパリに本拠を構える「トーマス・モア研究所」研究主任。またパリ第８大学付属の「フランス地政学研究所」客員研究員。主要著書に、*Géopolitique de la Russie*（共著）、*Le Monde vu d'Istanbul : géopolitique de la Turquie et du monde altaïque* などがある。

訳者略歴

中村雅治（なかむら・まさはる）

1945 年静岡県生まれ。1980 年上智大学大学院国際関係論専攻博士課程満期退学。1994 年上智大学外国語学部フランス語学科教授。パリ政治学院、グルノーブル政治学院客員教授。現在上智大学名誉教授。主要著書に、『国民国家フランスの変容』（上智大学出版）、『グローバル化する世界と文化の多元性』（共編著、上智大学出版）、『ＥＵと東アジアの地域共同体』（共編著、上智大学出版）、訳書に、クリスチアン・ルケンヌ『ＥＵ拡大とフランス政治』（芦書房）、パスカル・ペリノー『ポピュリズムに揺れる欧州政党政治』（白水社文庫クセジュ）がある。

文庫クセジュ　Q 1065
ヨーロッパの地政学　安全保障の今

2024年7月 5 日　印刷
2024年7月30日　発行
著　者　ジャン=シルヴェストル・モングルニエ
訳　者 © 中村雅治
発行者　岩堀雅己
印刷・製本　株式会社平河工業社
発行所　株式会社白水社
東京都千代田区神田小川町 3 の 24
電話　営業部　03 (3291) 7811 / 編集部　03 (3291) 7821
振替　00190-5-33228
郵便番号　101-0052
www.hakusuisha.co.jp

乱丁・落丁本は，送料小社負担にてお取り替えいたします．
ISBN978-4-560-51065-0
Printed in Japan